二・二六事件の思想課題

——三島事件への道程

野村幸一郎

新典社新書 82

目　次

はじめに ―― 5
第一章　青年将校たちの多様性 ―― 19
第二章　民族主義と『共産党宣言』 ―― 35
第三章　久野収と橋川文三の視点
――北一輝と二・二六事件（一） ―― 45
第四章　アジア主義との関わり
――北一輝と二・二六事件（二） ―― 61

第五章　内政への傾斜——北一輝と二・二六事件（三）　75
第六章　違犯とエロティシズム——三島由紀夫と二・二六事件（一）　87
第七章　疎外されるエクスタティコン——三島由紀夫と二・二六事件（二）　109
第八章　幽顕一貫のゆくえ——三島由紀夫と二・二六事件（三）　125
あとがき　151

はじめに

陸軍皇道派青年将校による昭和史上最大のクーデター事件、二・二六事件は、昭和一一（一九三六）年二月二六日に勃発した。栗原安秀中尉、安藤輝三大尉、野中四郎大尉、すでに免官されていた村中孝次、磯部浅一ら皇道派青年将校の指揮の下で、歩兵第一・第三連隊、近衛歩兵第三連隊から約一五〇〇人の在京部隊が参加し、首相・蔵相官邸、警視庁はじめ、政府首脳や重臣の官・私邸、朝日新聞社などを襲撃。岡田啓介首相と誤認された義弟、松尾伝蔵海軍大佐、高橋是清蔵相、斎藤実内大臣、渡辺錠太郎教育総監が殺害され、鈴木貫太郎侍従長が重傷を負った。

事件そのものは四日間で鎮圧され、三月四日の緊急勅令により、四月二八日から一審制、非公開、弁護人なしの東京陸軍軍法会議が設置され、舞台は法廷に移ることになった。七月五日には主謀者の青年将校ら一七名に死刑が言い渡され、磯部浅一、村中孝次を除く一五名が同月一二日処刑された。また青年将校に思想的影響を与えた民間人として北一輝、西田税も軍法会議にかけられ、磯部、村中とともに翌年八月一九日処刑されている。そして、この裁判において死刑になった内、主犯と判断されたのは香田清貞、安藤輝三、栗原安秀、村中孝次、磯部浅一の五名であった。[1]

ところで、二・二六事件を思想史上の問題として見た場合、香田清貞、竹島継夫、対馬勝雄、中橋基明、丹生誠忠、中島莞爾、安田優、池田俊彦、村中孝次、磯部浅一など多くの青年将校たちが、軍法会議において二・二六事件は社会民主主義革命ではないと主張している事実は、きわめて興味深い。[2] ほかにもさまざまな争点があろうが、裁判においては二・二六事件が思想上の問題としても争われており、青年将校たちが蹶起の愛国的性格を主張せざるをえなかったのは、検察や裁判官、つまり帝国陸軍の側が、二・二六事件は社会民主主義革命に通じると考えていたことの裏返しとしてである。

また、検察側による論告文[3]には、北の『日本改造法案大綱』は、「社会民主主義思想ヲ忠君愛国ヲ以テ巧ニ擬装シタルモノ」であり、「我国体ト絶対ニ相容レザル不逞思想」の書であるという認識も示されている。さらに論告文では、北が「国家革新ノ要ヲ高唱シ、純真ナル青年将校ノ心理ヲ魅了シ徐々ニ直接行動以外国家改造ノ途ナキガ如ク誘導シ、国体擁護ノ仮面ニ隠レテ民主革命ヲ実現セム」とした、とも記されている。『日本改造法案大綱』は社会民主主義の書であり、天皇制とは絶対に相容れず、したがって、同書を行動の規範とするよう啓蒙指導した北も、同書を下敷きとして国家改造を企図した青年将校も、天皇の大権を脅かす深刻な罪を犯している、これが検察による論告の論理であった。要約すれば、検察側は北一輝の影響で青年将校たちが社会民主主義者になってしまった結果として、国家改造を企図するようになり、重臣を殺害してしまったと断じている。北の影響で方法を誤ったと主張しているのではなく、北の影響で青年将校たちが社会民主主義者に思想的に転向した結果が二・二六事件だったと、検察側は主張したわけである。

　当然のことながら、青年将校たちの反論は認められることなく、判決文においても、事件の社会民主主義的性格は国体に反すると、記されることになる。そして、検察側の論告文と同様、判決文でも青年将校たちの左翼的傾向が指摘され、その背後に北一輝の思想、とくに『日本改造法案大綱』の影響が強調されることになった。

判決理由書[4]には北一輝との関わりについて、青年将校たちは「一君万民たるべき皇国本然の真姿を顕現せんがため、速かにこれら（筆者注、「元老、重臣、官僚、軍閥、政党、財閥等」を指す）特権階級を打倒して、急激に国家を革新するの必要あるを痛感するに到れり」、そして「北輝次郎及び西田悦との関係交渉を深め、その思想に共鳴するに至りしが、特に北輝次郎著「日本改造法案大綱」たるや、その思想根底において絶対に我が国体と相容れざるものあるに拘わらずその雄勁なる文章等に眩惑せられ、ために素朴純忠に発せる研究思索も漸次独断偏狭となり、不知不識の間、正邪の弁別を誤り、国法を軽視するに至れり」と記されている。この判決文において注目すべき点は、時系列に整理した場合、「一君万民たるべき」「皇国本然の真姿を顕現」するために思索研究した点は「純朴忠心」だと言えるが、日本の国体と相容れない北の思想の影響を受けた結果、「正邪の弁別」を誤り、「国法を軽視」してしまった（国家改造を企図し、重臣たちを殺してしまった）と説明している点である。逆から言えば、この判決文にしたがうならば、もし青年将校たちが北の思想の影響を受けなかったならば、彼らの政治信条は「純朴忠心」のままであった、あるいは、青年将校たちの思想と行動はもともと国体に沿ったものであった、にもかかわらず、北の影響を受けた結果、むしろ国体を脅かすものになってしまった、ということになる。青年将校たちの国家改造・クーデター・重臣殺害の理由を北の影響にのみ絞って説明しようとする論理がここでは展開されている。

このような検察側の主張や判決理由書は、いくつかの点で疑問をいだかずにはいられない。

まず第一は、従来の研究でもしばしば指摘されてきたように、青年将校たちはかならずしも完全に政治理念を共有していたわけではなく、たとえば、北一輝の思想からどのような影響を受けたのかという点に限っても、ひとりひとりまったく事情がちがっている点である。この点だけを見ても、青年将校たちが全員、北の影響で社会民主主義者に転向したという検察側、軍法会議側の主張を、にわかに信じることはできない。

第二はそもそも青年将校たちに大きな影響を与えたと言われる『日本改造法案大綱』を

社会民主主義を思想的核心とする書と、判断してよいのかという点である。たしかに明治期の北には社会民主主義的傾向が濃厚ではあったが、昭和期の北は、近代思想史上、もっとも大きな影響力をふるった右翼思想家として位置づけられている。二・二六事件の段階における北を社会民主主義者と断じる判決文の内容は、このような北のイメージからあまりにもかけ離れている。

本書のテーマは、二・二六事件を近代思想史上の問題として考えていくところにあるのだが、まず最初に考察を進めていく前提として、これらの内、第一の問題について、従来どのように語られてきたか確認するところから始めることにする。

二・二六事件には直接参加しなかったものの、皇道派青年将校の中心的人物のひとりとして禁固刑に処され軍籍を離れた末松太平という人物がいる。彼が戦後、三島由紀夫と昵懇の間柄になっていったことはよく知られている。その末松が記した書、『私の昭和史』[5]によれば、事件後、当時の第一師団参謀長、舞伝男が、第一師団司令部での講演において、

「叛軍幹部及一味の思想は過激なる赤色団体の思想を、機関説に基く尊皇絶対の趣旨を以て偽装したる北一輝の社会改造法及順逆不二の法門に基くものにして、我国体と全然相容れざる不逞思想なり」と語ったという。陸軍の一部において二・二六事件が、青年将校たちが共産主義思想と天皇機関説に影響を受けた結果、勃発した事件であったと、総括されていたことがわかる。

同様のことは憲兵隊将校として青年将校たちの取り調べにあたった大谷敬二郎によっても、「事件直後、青年将校は「赤」におどらされてあのような行動に出たのだといううわさが、東京地方から全国軍隊に伝わった。その火元は第一師団だった」[6]と、伝えられている。

判決文では青年将校たちの政治信条には社会民主主義の影響があると指摘されていたわけだが、この内容が第一師団参謀長、舞伝男の口を通じて、二・二六事件の背景には共産主義思想の影響があったと伝えられていった事実が、ここから浮かび上がってくる。しかし、磯部らすでに除隊していた者も含めて、二・二六事件に参加した青年将校は、さまざまな動機をもって蹶起に参加しており、個人個人の政治信条の間にはかなりの開きがあった。二・二六事件の思想的背景には社会民主主義思想の影響があったと断じるには、その事情はあまりにも複雑である。

従来の研究でも、この複雑さに注目して、青年将校たちをいくつかのグループに分けて、彼らの思想信条ひいては事件の性格を理解しようとする試みがなされてきた。

たとえば大谷敬二郎は「その思想信念には強弱があった」と述べ、青年将校たちを三つのグループに分けている。第一のグループは「首謀者たちで思想信念の鞏固(きょうこ)なもの」であり、香田・安藤・栗原・中橋・対馬がこのグループに属する。第二のグループは「同志の勧誘で抵抗なく参加を決意した人々」で、竹島、丹生、坂井、田中、中島、安田、高橋、林、池田がこれにあたる。第三のグループは「内心に抵抗を感じつつも時の空気に圧倒され心ならずも参加したもの」で、麦屋、常盤、鈴木、清原が、このグループに属する。[7]

念のために付け加えておくと大谷は、事件勃発の段階ですでに軍籍を離れていた磯部浅一や渋谷善助、村中孝次には直接言及していないが、大谷による整理を三人に当てはめた場合、当然第一グループに属するはずである。

次に筒井清忠による考察である。[8] 筒井の分類にあっては、大谷の言う「首謀者たちで思想信念の鞏固なもの」が「改造主義者」と言い換えられている。筒井によれば、二・二六事件の首謀者である青年将校たちは、「指導部を形成した（完全に北一輝の思想的影響下にある）「改造」主義グループと、主として実戦部隊の指揮官であった「天皇」主義グループとの二つの傾向に分類できる」という。

A「改造主義」――〔中核〕磯部、栗原、（村中）
〔同調者〕香田、安藤、対馬、中橋

〈Bとの中間〉――丹生、坂井、田中、中島

B「天皇主義」――高橋、竹島、安田、林

青年将校たちの政治信条を整理していくと、このようになると筒井は言う。筒井の考証においては、二・二六事件の主犯である「改造主義者」が北一輝の影響をうけた者、それ以外が天皇主義者つまり国体明徴論の立場から参加した者と整理がなされている。このような筒井の考察にしたがうならば、判決文で言うところの社会民主主義者、北の影響を受け国家改造を志した者は、二・二六事件に関係した将校約二〇名の内の数名にすぎなかったことになる。実際、栗原安秀中尉の父親の盟友で、二・二六事件に際しても、資金面で栗原を援助した斎藤瀏（りゅう）少将は、のちに「北に至つては幹部将校に面識さへ無い者も居る位で、改造方案（ママ）大綱の作者ではあるが凡そ行動の指導者などとは縁が遠い存在だつたと思う」[9]、と回想している。

細部において多少の違いはあるものの、多くの研究は、おおむねこのような大谷や筒井による整理を踏襲するものになっている。たとえば北博昭は、北一輝の『日本改造法案大綱』を「決起の準則とみたのは栗原と中橋だけであった、そうみないまでも全面的に支持したのは村中と磯部のみ」だった、「しかし、他の多くの青年将校らまで、かれらと同一視はできない」、と論じている。[10] また、松本健一は、青年将校を、三つのタイプに分けている。まず第一は、北の思想的影響を受けた磯部浅一ら中核のメンバー。第二は、その中にあっても、『日本改造法案大綱』の革命思想を実現するという考えはとらず、軍事的テロを行なって、あとは「大御心にまつ」と考えていたメンバー。第三は、北一輝の名前さえも知らない、『日本改造法案大綱』も読んだことのない将校たちである。[11]

いずれの研究でも、北の影響を受ける形で国家改造をめざして蹶起したかどうかが、青年将校たちの政治信条、ひいては事件の思想的性格を理解する上での決定的なメルクマールになっている点では一致している。具体的な考察は次章以降に譲るとして、とりあえずこれら従来の研究を踏まえつつ総論的に青年将校たちの政治信条を整理しておくと、首謀者だけに限っても、北一輝の思想から直接、影響を受け、国家改造をめざしていたのは磯部や栗原ら数名であり、それ以外に、天皇への忠誠心を核とする道義的な国家共同体を樹立することで経済問題は自ずと解決されていく、といったような考えを表明する者もおり、かならずしも全員が全員、北の思想を信奉していたわけではなかったことが分かってくる。

北一輝から直接、影響を受けなかった者についても、君民一体の国体の実現を蹶起の目的として語る者もいれば、貧民救済、皇軍の強化、あるいは赤化を防ぐため手段として国体明徴論を語る者もいた。大まかな方向性においては一致しながらも、青年将校たちのめざすところがまったく同じであったわけでもなかった点は、まず確認しておく必要がある。

注

1 「第二十三回公判調書」池田俊彦編『二・二六事件裁判記録 蹶起将校公判廷』（原書房 平成一〇（一九九八）・二）所収

2 注1と同じ

3 原秀夫他編『検察秘録 二・二六事件Ⅲ 匂坂資料7』角川書店 平成二（一九九〇）・六

4 河野司編『二・二六事件 獄中手記・遺書』河出書房新社 昭和四七（一九七二）・三

5 末松太平『私の昭和史』みすず書房 昭和三八（一九六三）・二（ルビは引用者による）

6 大谷敬二郎『二・二六事件の謎 昭和クーデターの内側』光人社 平成二四（二〇一二）・三

7　注6と同じ（ルビは引用者による）
8　筒井清忠「北一輝と二・二六事件」　五十嵐暁郎編『『北一輝』論集』（三一書房　昭和五四（一九七九）・一〇）所収
9　斎藤瀏『二・二六』　改造社　昭和二六（一九五一）・四
10　北博昭『二・二六事件全検証』　朝日選書　平成一五（二〇〇三）・一二
11　松本健一『北一輝の革命　天皇の国家と対決し「日本改造」を謀った男』　現代書館　平成二〇（二〇〇八）・一〇

第一章　青年将校たちの多様性

　以上のような従来の研究を踏まえ、おおざっぱに二・二六事件の本質を述べれば、この事件は明治以来の体制を守ろうとした現行体制派と現状打破をめざす青年将校たちの対立だった、ということになる。体制派とは政治的には議会中心の政党政治であり、経済的には資本主義であった。そしてこれを実行してきたグループが、元老、重臣、官僚、政党、財閥、そして天皇であったわけである。これに対し現状打破をめざす青年将校たちは、議会政治や政党政治、天皇機関説を否定し、資本主義の矛盾を声高に叫び、国体明徴と国家改造を主張していた。

ただ、つぶさに見ていくと青年将校たちの政治信条は複雑なグラデーションを織りなしており、単純なレッテル張りでは説明したことにはならないのも事実である。そこで、次に主犯格であった香田清貞、安藤輝三、村中孝次、磯部浅一、栗原安秀を中心に、青年将校らの政治信条についてあらためて確認していくことにする。


まずは香田清貞である。香田は明治三六（一九〇三）年生まれ。陸軍士官学校を卒業し大正一四（一九二五）年に陸軍歩兵少尉に任官。二・二六事件では陸軍大尉として反乱部隊を率いている。

その香田は二・二六事件に参加した動機について、陸軍幼年学校時代に自由主義、共産主義思想に触れるにおよび、迷いが生じはじめたことを挙げている。一時は軍人を辞めようと思ったが、士官学校卒業後、「一君万民尊皇絶対の観念」を明確に認識できるようになり、迷いから目を覚ますことができたという。また、香田は「日本には貧富の差が大で、之は甚だ不合理な事であり」「兵をして戦場に於て後顧の憂なからしめねばならぬと思ひ、其欠陥は指導的立場にあるもの〻責任と思料し、結局政治問題に及んだ」とも述べている。香田は資本主義の矛盾、あるいは経済的に疲弊する日本の下層階級に関心をいだいた結果として、直接行動の必要性を認めるようになった。その彼は蹶起の理由として、一君万民の国体の実現による共産主義化の防止、貧民救済を通じての皇軍の精神的基盤の再建を挙げている。[1]

安藤輝三もまた、香田と同様、蹶起の理由について、皇軍の立て直しのためであったと語っている。安藤輝三は明治三八（一九〇五）年生まれ。陸軍歩兵大尉として二・二六事件に参加し、鈴木貫太郎襲撃の指揮を採った。その安藤は「第十二回公判調書」[2]で「軍隊教育者の立場から自分の連隊に執着を覚えました」「兵の身上を通じて農山漁村、中小商工業の疲労窮乏の状態を知り之等が初年兵教育に重大なる影響あることを痛感しました」、と語っている。安藤が蹶起した理由は、農漁村の貧困それ自体に同情を寄せると同時に、そこから徴集されてきた兵士を強兵として育て上げていくことの困難さを感じたところにあった。農村の貧困は徴集兵にとって深刻な「後顧の憂い」であった。働き手を失った父母兄弟は貧困の中で塗炭の苦しみを味わうほかなかったからである。彼らにとって徴兵は田舎に残してきた父母兄弟の生活の行き詰まりを意味していた。そのような深刻な問題を抱える兵士に対して、国家のために犠牲を求めることは、きわめて困難であると、安藤は考えたわけである。

ただ皇軍再生のための方法に関して、どこに軸足を置くかという点に関しては、香田とはやや語調がちがっている。安藤の場合、香田のように皇軍としての精神的基盤を構築することよりも、農村における貧困問題の解決そのものに重点が置かれている。

裁判において主犯格と判断されたわけではないが、訊問調書を読む限り、二・二六事件に参加した将校の内、安田優もまた安藤とほぼ同じ理由で蹶起に参加している、と言ってよさそうである。安田は訊問に際して、強兵の育成という軍事上の目的に加えて、貧民救済それ自体が二・二六事件参加への動機となったと語っている。日本は経済上における一君万民になっていないというのが安田の時局認識であった。「同じ陛下の赤子ながら農村の子女と都会上層部人々との差の余り烈しいことは、陛下に対して申し訳ない」「農村の租税の割合は、都市より多く、金融は総て集中占領」されているなどの言葉からもわかるように、安田の場合、経済上の深刻な矛盾に対する憤りが、蹶起に参加する主な動機となっている。[3]

付言すると、北一輝の影響は確認できないものの、坂井直、池田俊彦もまた、貧民救済が蹶起参加の主な理由であった。坂井は二・二六事件に参加した理由として統帥権干犯問題を挙げながら、加えて「政党政治の腐敗堕落、資本主義社会の糜爛(びらん)的発達に伴ふ富の偏頗(へんぱ)と、農山村疲弊の極地」などの理由も挙げている。また池田は二・二六事件参加の動機を「君民一体の国家の永続」に加えて「農民は貧苦のどん底にあるも之れに対する処置は僅少」であったことを挙げている。[4]

このように見てくると、北の影響下にあろうがなかろうが、あるいは、たとえ本人たちが否定していたとしても、やはり二・二六事件の目的のひとつが貧民救済のための国家改造であったことはまちがいないと言わなければならないだろう。その意味において、この事件が社会民主主義的性格を内包していたことはあながち否定できない。ただ青年将校たちの主観に寄りそうならば、国家改造は「大御心」によって、あるいは国体明徴の実現を通じて、行われうるものであった。

このような青年将校たちの主張は、彼ら自身にとっては矛盾も葛藤もない政治心情であったとしても、第三者から見れば、どこにスポットを当てるかによって、国家主義にも社会主義にも見えるものであった。青年将校たちの思想が多様性と混沌、矛盾を帯びたものであったというのではなく、資本主義と国家主義の矛盾を止揚しようとしたがゆえに、その政治信条は、「悪意」をもってある一面に焦点を当て国賊のレッテルを貼ることも可能であった、ということである。

次に村中孝次について確認していく。村中は明治三六(一九〇三)年生まれ。昭和九

（一九三四）年、陸軍大尉であった村中は、磯部浅一らとともにクーデター未遂容疑で検挙され（陸軍士官学校事件）停職。翌昭和一〇（一九三五）年、磯部と「粛軍に関する意見書」を作成・配布し、免職となっている。

村中は、二・二六事件参加の理由を統帥権干犯問題を中心に説明しているが、彼の眼に統帥権干犯は、天皇を機関説の中に押し込めることで重臣や官僚、軍閥が大権を犯し、一君万民の国体を損なう政治事件として映っていた。統帥権干犯問題を蹶起の理由として挙げる青年将校はほかにもいるが、この問題を中心的動機として語っているのは村中だけである。

村中は「訊問調書」[5]で、「皇軍の本質たる大元帥陛下御親卒の軍隊である点を、曲げ歪め来つた不純なる君側の奸臣を討たうとして立ち上つた」と述べているが、このような彼にとって天皇は軍の存在理由そのものであった。天皇と一体化することで軍は文字通り「皇軍」でありうることができると村中は信じていたのである。彼にとって、「元老、重臣、財閥、軍閥、新官僚」は天皇と軍の一体化を阻む障害物にすぎず、現状にあっては、「皇軍」は元老や軍閥の「私兵」にすぎなくなっていた。村中はその具体例として「倫敦条約」

締結と「真崎教育総監の更迭」を挙げている。真崎の問題を挙げているところには、皇道派の独善的な政治信条が見え隠れしているようにも感じるが、ともかく村中にとっては「統帥権干犯問題」こそが、蹶起を決断する最大の理由だった。元老、財閥などによって「私兵」と化した軍が「皇軍」として再生するための国体明徴が、村中にとっての二・二六事件だったのである。

また村中は「第二回公判調書[6]」において、貧困問題を解決するため、国家改造の必要性を感じていたとも語っている。同文書における「連隊に帰つて後初年兵教育を為すに当り兵に接してその身上を通じ国民生活の状態に触れ窮乏せる農山漁村の状態、中小商工業の状態等を知りました。そして密かに国家改造の必要を痛感して居たのであります」という言葉がそれである。蹶起を決断するもうひとつの理由は、貧民救済のための国家改造であった。ここに二・二六事件と社会民主主義革命、共産主義革命との同質性を指摘することも可能であろう。

　しかし、このような村中が同時に「天日を蔽ふて居る此の妖雲を排除しない限り国民滔天の恨は遂に至尊にまで累を及ぼし奉り、結局共産党の天皇制否認が国民大衆の考となる懼れが多分にあります」[7]とも語っている点は注意を要する。客観的には社会民主主義、共産主義に傾斜しながらも、村中の場合、主観的には明らかにそれらを敵視している。元老や政党、財閥、軍閥が天皇の代行者として国政をつかさどる以上、さまざまな社会矛盾は解消されることもなく、国家との一体感も損われていくことになる。その先にあるのは国民間における共産主義の浸透、すなわち国民による国体観念の否定であり、その阻止のためにも二・二六事件は必要だった、というのである。

　赤化への危機意識が村中を蹶起へと駆り立てた理由のひとつであったことはまちがいない。これを言い換えれば、共産主義、社会主義から天皇制を守ろうとしたがゆえに、青年将校たちは共産主義、あるいは社会主義に接近していかざるをえなかった、ということになる。この事実に注目すれば、二・二六事件は世界的なコミンテルンの浸透を大きな背景として背負っていると言うこともできよう。

また村中の「天日を蔽ふて居る此の妖雲を排除しない限り国民滔天の恨は遂に至尊にまで累を及ぼし奉り」という言葉には、もう一点、気になるところがある。それは、国家改造が行われ、君民一体の国体が出現した場合、明治憲法に定められた内閣の輔弼（天皇による国政に過誤がないよう進言すること）責任が失効してしまう恐れがあるのではないか、言い換えれば、失政の責任を天皇ひとりが負う責任体系が成立してしまうのではないか、という疑問である。天皇機関説の場合、天皇も国家の一機関であり、政策上の失敗は内閣や議会が負う法的論理を紡ぎ出すことも可能であろうが、そのような「妖雲」をすべて廃してしまえば、国政の責任主体として天皇が前景化してしまう。つまり「輔弼」という内閣の機能が停止してしまう恐れがある。とするならば、今日（こんにち）から見れば、村中の主張は彼の主観とは裏腹に、むしろ天皇制の存続を危うくする可能性を内包していた、と言うこともできるはずである。

次に、北一輝から直接、影響を受けた国家改造派の将校たちの主張について確認していく。まずは磯部浅一である。磯部は明治三八（一九〇五）年生まれ。陸軍士官学校卒業後、歩兵将校となるが、中尉の時に経理部に転科している。陸軍一等主計の時に、村中とともに陸軍士官学校事件により停職になり、その後さらに「粛軍に関する意見書」を配布したことによって免官になっている。

磯部が北一輝の『日本改造法案大綱』に傾倒していたことは、彼の「獄中日記」[8]に記された内容からまちがいない。二・二六事件に参加したほとんどの青年将校は昭和一一（一九三六）年七月一二日に処刑されたが、磯部浅一と村中孝次は北一輝、西田悦の審理のため、死刑が昭和一二（一九三七）年八月一九日に延期された。磯部の「獄中手記」はこの時期に執筆されたものである。すでに審議は終わり判決が出ている段階にあった磯部が、偽らざる本心を記したのか、同志の死刑をきっかけにその思想が極端に先鋭化していったのかははっきりわからないが（おそらく両方であろう）、同書において磯部は、彼の政治信条が北の思想と完全に一致していると書き記している。「日本の道は日本改造方案（ママ）以外にはない、絶対にない、日本が若しこれ以外の道を進む時には、それこそ日本の没落の時だ」

という言葉がそれである。

さらに磯部は同書八月一一日のところで「陛下、なぜもつと民を御らんになりませんか、日本国民の九割は貧苦にしなびて、おこる元気もないのでありますぞ」と記している。同様の内容を磯部は、「第五回公判調書[9]」でも「当時農山漁村の疲労中小商工業者の逼迫等は益々加はり」「場合に依つては銃を持つて立ち直接行動に依り国体破壊の元凶たる元老、重臣、財閥等を討取らねばならぬと考へました」と語っており、いずれにせよ彼が蹶起した主な理由のひとつが、貧困にあえぐ下層階級、とくに地方の農民の救済にあったこと、その磯部にとって『日本改造法案大綱』に基づく国家改造は、貧民救済を実現するための唯一絶対の方法であったことはまちがいない。

ただし、訊問、手記、手紙などさまざまな場面で蹶起の理由を語っている磯部の場合、それぞれの場面での発言が、かならずしも一致しておらず、彼が二・二六事件に参加した理由を明確に断定することが難しいのも事実である。たとえば、「弁駁書[10]」には磯部の次のような言葉もまた記録されている。

青年将校は改造法案を実現する為に蹶起したのでもなく、真崎内閣をつくるために立ったのでもありません。蹶起の真精神は大権を犯し国体をみだる君側の重臣を討って大権を守り国体を守らんとしたのです。ロンドン条約以来統帥大権干犯されること二度に及び、天皇機関説を信奉する学匪、官匪が宮中、府中にはびこって天皇の御地位をあやうくせんとしておりましたので、たまりかねて奸賊を討ったのです。

この文章を読む限り、磯部が蹶起した目的が、貧民救済だけに限定されるものではなく、天皇機関説を退け君民一体の国体を実現をめざすところにもあったことになる。

のちに詳しく検証することになるが、このような磯部の政治信条についてもっとも不可解な点は、北一輝の国家改造論がラディカルな天皇機関説を内包するものであったことである。北の思想が、国体明徴論と両立することなどありうるはずもなく、とするならば、磯部は天皇機関説を内包する北の国家改造を実行すべしと主張しながら、同時に国体明徴論に同調していたわけで、このあたりの思想上の矛盾に気づいていなかったことになる。

最後に栗原安秀について見ていく。従来からもしばしば指摘されてきたように、栗原の政治信条はおおむね磯部と同じであったと見てよい。栗原は明治四一（一九〇八）年生まれ。二・二六事件に参加した時は陸軍歩兵中尉だった。栗原に協力した斎藤瀏の娘は歌人の斎藤史で栗原と幼馴染だったことはよく知られている。

「第八回公判調書」[11]を読むと、訊問の際、法務官の「被告は北一輝著日本国家改造法案大綱を読みたることありや」という質問に対して、栗原は、北一輝の同書や『純正社会主義と国体論』『支那革命外史』、権藤成卿（せいきょう）の『自治民範』、『農制史談』、橘孝三郎の『農村学』が自分の思想の根幹を形作った、と答えている。さらに法務官の「日本改造法案大綱を読み如何感じたるや」という質問に対しては、「今回の決断も此の日本改造法案大綱に依るものでありまして大体論としては大権の発動により憲法を停止し厳戒令に導いて「クーデター」を行ひ国家改造を行はんとする如きの信念を実行したことになる」と答えている。

このように栗原はあっさりと、蹶起の理由が北の『日本改造法案大綱』の影響によるものだったと認めているわけだが、この栗原の言葉が判決の根拠のひとつになっていることはまちがいなく、今日から見れば、彼の法廷闘争に対する無知というか、世間知らずというか、他人を疑うことを知らない純粋な人柄を感じないでもない。

また、栗原が記した「昭和維新論」の一部が「第八回公判調書[12]」末尾には引用紹介されているが、これを読むと磯部と同じく、栗原においても国体明徴の実現が国家改造の目的のひとつであったことを確認できる。ここで栗原は「国体破壊者を斬り以て維新回天の枢軸となり、国民中不義は制し正しきを引き上げ、一君万民の理想顕現をなす」ことで、皇軍を本来の姿に戻すところに昭和維新の目的があったと語っている。

注

1　「叛乱将校及びこれに準ずる者香田清貞以下二十四名訊問調書」　林茂他編『二・二六事件秘

録（二）』（小学館　昭和四六（一九七一）・二）所収

2　池田俊彦編『二・二六事件裁判記録　蹶起将校公判廷』（原書房　平成一〇（一九九八）・二）所収

3　注1と同じ

4　注1と同じ（ルビは引用者による）

5　注1と同じ

6　注2と同じ

7　注1と同じ

8　河野司編『二・二六事件　獄中手記・遺書』河出書房新社　昭和四七（一九七二）・三

9　注2と同じ

10　林茂他編『二・二六事件秘録（別巻）』小学館　昭和四七（一九七二）・二（ルビは引用者による）

11　注2と同じ

12　注2と同じ

第二章　民族主義と『共産党宣言』

　ところで蹶起には批判的で二・二六事件には参加しなかった元皇道派青年将校、新井勲は、以下のように語っている。二・二六事件を唯物史観的に見れば、下層階級に対するシンパの起した事件であることになる、しかし「青年将校は財閥の不義を憎んだが、共産党にも反対だつた。共産党の輩出は社会情勢が然らしめるので、共産党を撲滅せんとせば、先ずその社会情勢を改むべし、これがかれらの主張だつた[1]」。

　この言葉の興味深い点は、皇道派の将校自身が、二・二六事件に参加した青年将校たちを貧困層に対する同情者と認めてしまっている点である。第一章で確認したように、蹶起の理由についてどこに力点を置いて語るか、それぞれ微妙な違いがあるものの、多くの青年将校たちが貧民救済を理由のひとつとして語っていたことはまちがいない。そのような彼らの政治信条は、同じ皇道派から見ても、共産主義との同調性を内包しているように見えたわけである。しかし、新井も言うように、同時に彼らは共産主義には反対しており、貧民救済を、それとは別の形で実現しようともくろんでいた。天皇制を否定するのではなく、その強化によって、貧民の救済を実現しようとしたわけである。天皇の軍隊の一員たる彼らにとっては、この道のみが貧民救済を実現するための唯一の方法だったことはまちがいない。

そんな彼らの政治信条をファシズムと言うことができるかどうか、というのは、きわめて微妙な問題である。結論から言うならば、そうであるとも言えるし、そうでないとも言える。二・二六事件を理解する難しさのひとつはここにある。この事件に何らかの概念を当てはめてみようとすると、かならずそこからはみでてしまうような事象が、場合によっては、それとは正反対の事象が浮かび上がってくる。思想課題としての二・二六事件は、いつも「Aであると同時にAでないもの」としてある。

まず二・二六事件とファシズムのちがいについて説明していくことにしよう。青年将校たちの政治信条を、ヨーロッパのファシズムと比較した時、もっとも異なる点は、彼らの同情が貧困層の農民に向けられていた点である。山口定はファシズムが支配層の危機意識ばかりでなく、政治的・社会的没落の危機に瀕した中間的諸階層の危機意識も反映している、と論じているが[2]、このような分析を踏まえるならば、青年将校たちの政治信条は二重の意味でファシズムとは食いちがっている。

まず第一に、支配層、つまり昭和天皇や重臣などは、青年将校たちとともに現行の体制が没落していく危機感を共有しているわけでもなかった。それどころか、重臣を殺害した青年将校たちを、昭和天皇は「叛乱軍」と断じ、陸軍大臣に討伐を指示している。支配層にとって体制の危機とは、青年将校たちによる叛乱そのものであった。
第二に、青年将校たちが同情を寄せたのは農村の小作人階級であって、ヨーロッパのファシズム運動のように都市労働者や中間層に支持の基盤を求めたわけではなかったことである。青年将校たちは、農村の貧困層やそこから徴兵されてきた部下たちに深く同情しており、その思いが国家改造のエネルギーへと転化されていった。ヨーロッパのファシズム運動が連携を模索した都市在住の中間層とは異なる階層に対して、青年将校たちは同情を寄せていたわけである。むしろ青年将校たちは、共産主義運動と同じく、貧困層との連帯をめざしていた。

次に二・二六事件とヨーロッパにおけるファシズム運動との一致点について述べていくと、ヨーロッパにおいてファシズム運動が、民衆の目に「革新」的、もしくは「革命」に見えた理由は、彼らが、労働者運動や工業化の進展による農村社会の解体によって失われつつあった共同体的社会関係を擁護し、再建しようとした点にあった[3]。そうであるとするならば、香田や村中が唱えた国体明徴論は、ファシズムと通底する要素を内包していた、と言うことができよう。

社会民主主義や共産主義が日本国民に浸透していく現状を目の前にした香田や村中は、明治憲法によって制定された国家観念が危機的状況にあると感じていた。その意味で、国体明徴論は、国家観念上のアノミー（無規制状態）にあって、失われた確実性を取り戻そうとする運動でもあった。この点において青年将校たちの政治信条はファシズムと通じるものとなっている。

この問題については、アントニオ・ネグリ／マイケル・ハートの、「国民・人民・人種の諸概念は、それほどかけ離れたものではけっしてない。絶対的な人種的差異を構築することは、均質な国民的同一性という構想を打ち立てるさいに、その本質的な基盤となるのである」[4]という考え方と対照させてみるとわかりやすい。ネグリ・ハートの議論をそのままに受け入れるならば、共産主義にあっても「人民」という観念を通じて共同体的社会関係が形成されうるわけであって、共同体そのものが解体してしまうわけではないことになる。ただし、「人民」という観念の内には、有産階級は含まれてはいない。翻訳の問題であるかもしれないのだが、ネグリやハートの議論に違和感を感じるのはこの点である。「国民」や「人種」という観念の場合、有産階級、無産階級の両方を包摂しており、したがって、極端な経済格差が露呈した場合、観念そのものの現実性が剝がれ落ちてしまうことになる。「国民」や「人種」と「人民」は、同列に論じることはできない。

このような考え方を踏まえるならば、共産主義の浸透に危機感を覚えた二・二六の青年将校たちが共有した国体明徴論の本質的性格が見えてくる。農村の貧困層も財閥も、民族としては同じ日本人であることは青年将校たちも当然理解していたであろうが、集団的アイデンティティーとして同じ「日本人」であるとは考えてはいなかったはずである。言い換えるならば、深刻な貧富の差、経済的階級の先鋭的な対立が、国民観念や民族観念からリアリティーを引き剝がしていった、人種的に同じ日本人であったとしても、圧倒的な経済的格差によって、両者は同じ集団的アイデンティティーを共有できなくなってしまった、そう青年将校たちは直感していた。日本人が共同体としての一体感をとりもどすためには、民族観念・国民観念をいったん失効して人民観念に近づける形で再構築する必要があったわけである。民族や国民という集合的表象から、富裕階級を排除することで、日本人が共同体との精神的一体感をとりもどす必要がある、国体明徴を求める彼らはそう考えていた。

つまりは、青年将校たちの政治信条は、共産主義に敵対し天皇を中心とした国体の護持をめざしながらも、共産主義と同じく貧民の救済をめざすという、「Aであると同時にAでない」ものであった。

ただし、マルクスの立場から見た場合、二・二六事件は共産主義運動の一変容（バージョン）と位置づけられてしまうことにも留意しておく必要がある。マルクスは『共産党宣言』[5]で、民族主義とプロレタリア運動との関係性について、次のように語っている。

ブルジョアジーにたいするプロレタリアートの闘争は、その内容からではないが、その形式上、最初は民族的である。いずれの国のプロレタリアートも、当然まず自国のブルジョアジーをかたづけなければならない。

労働者は祖国をもたない。彼らがもたないものを、それからとりあげることはできない。プロレタリアートは、まずもって政治支配をかちとって、民族的階級にみずからをたかめ、自分自身を民族として組織しなければならないという点で、ブルジョアジーの意味とはまったくちがうとはいえ、プロレタリアートはやはり民族的である。

このようにマルクス自身が、プロレタリア運動は初期段階において、民族主義の意匠を凝らす、と語っている。しかし、マルクスによればプロレタリアートの民族主義はブルジョアジーのそれとは異なる。革命勢力にとって「民族」とはプロレタリアートのみを構成員とする集合的表象である。彼らは「民族」を旗印として、ブルジョアジーを駆逐し、政治的支配を獲得する、とマルクスは語っているのだ。すくなくとも『共産党宣言』の段階にあっては、マルクスにとって共産主義と民族主義はけっして矛盾するものではなかった。
もはや明らかなとおり、このようなマルクスの「民族」観念は、そのまま青年将校たちが言うところの「赤子」や「臣民」「国民」の観念に当てはまってしまう。農村の困窮を訴え、君民一体を唱える青年将校たちの主張は、マルクスを視座とした場合、共産主義運動における民族主義的段階と位置づけることが可能になるわけである。

ここまでの分析をまとめるならば、おそらく青年将校たちの国家観は近代文明という光に背を向けた時に浮かび上がる影としてある。政党政治、資本主義、明治維新など既存の社会体制が行き詰まりを見せた時、それとは真逆の理念や社会体制、経済システムこそが現実からの救済の道筋があるという思考に、青年将校たちはとらわれていった。だから、経済に焦点を当てれば共産主義や社会民主主義に接近し、政治に焦点を当てれば議会制や政党政治に背を向ける形で国体明徴論に向かうことになった。この時点で、経済上の共産主義、社会民主主義と民族主義が、現状への不満や否定を媒体として、青年将校の主観世界において融合されてしまっている。そして、このような概念的融合を、マルクスもまた『共産党宣言』において、プロレタリア運動の初期形として論じているわけである。

注

1　新井勲『日本を震撼させた四日間　2・26事件青年将校の記録』文藝春秋新社　昭和二四(一九四九)・九
2　山口定『ファシズム』岩波現代文庫　平成一八(二〇〇六)・三
3　注2と同じ
4　アントニオ・ネグリ　マイケル・ハート/水嶋一憲他訳『帝国　グローバル化の世界秩序とマルチチュードの可能性』以文社　平成一五(二〇〇三)・一
5　マルクス/マルクス＝レーニン主義研究所訳『共産党宣言　共産主義の原理』大月書店　昭和二八(一九五二)・五

第三章　久野収と橋川文三の視点
――北一輝と二・二六事件（一）

「はじめに」で確認したように、二・二六事件の判決文では、青年将校たちが北一輝の影響を受けて蹶起した、と記されていた。実際に北の影響を受けたのは一部の将校だけだったが、それでも栗原や磯部などが北の思想を行動の指針としていたことはまちがいない。その北一輝の著作の中でも、青年将校にもっとも大きな影響を与えたのが『日本改造法案大綱』である。同書は大正八（一九一九）年八月上海で執筆された『国家改造案原理大綱』が元になっている。

大まかに言えば、北一輝の思想が青年将校たちに与えた影響について、従来の研究では、ふたつの見解が提示されてきた。

ひとつは国体明徴論の思想的水脈の中にあるものとして、北の思想を位置づけた上で、青年将校たちに与えた影響を指摘するものである。たとえば、久野収は「社会主義を日本で生かすためには、外国の社会主義の直訳や直輸入にたよっていては、ダメだ」と考えた北は、社会主義とナショナリズムをどう結びつけるかに思想上の関心をいだくようになっていった、と論じている。「土着的ナショナリズムを生かさなければ、革命は見こみがない」「民族の生命にふれない輸入直訳の思想、他力本願の国際主義だけでは、革命も独立も決してなしとげられはしない」と考えるようになった北は、社会主義とナショナリズムの結合をめざすようになり、最終的には「超国家主義」を提唱するようになった、これが久野の分析である。このような久野の言う「超国家主義」の水脈を二・二六事件の内に探すならば、国体明徴論を媒体としたナショナリズムと社会主義の一体化を企図した点において、青年将校たちとの思想上の接点であったことになる。[1]

これとは正反対の議論を展開しているのが橋川文三である。橋川は「北の天皇論は理論的にはきわめてラジカルな「天皇機関説」の側面をそなえていたのに対して、青年将校一般の天皇論は、北のその機関説的契機を抜きにして、心情的な天皇帰一を空想したというちがい[2]」があると論じている。橋川の分析にしたがうならば、北の国体論と青年将校たちのそれは明らかに断絶している、むしろ真逆の関係にあったことになる。

同様の指摘は、滝村隆一や北博昭によっても繰り返されている。滝村によれば、青年将校たちは『改造法案』を、国家改造のための有効な政策的提言として見なしていたが、絶対視することはなかったという。なぜなら「『改造法案』のはしばしからうかがえる北の思想的本質が、彼ら青年将校の信奉する純粋な「国体論」とは、真向から対立するかもしれないというもっともな危惧（ないし疑惑）を、いだいていたから[3]」である。また北博昭は「北にとっての天皇は国家革新の象徴である。かれの天皇観は機関説的であり、天皇よりも国家が優先される[4]」と、指摘している。

もし橋川らの指摘が正しければ、青年将校たちは北の思想を誤解していたか、もしくは北の国体観に対する批判的な立場をとっていたか、いずれかでなければならないことになる。

久野の言う「土着的なナショナリズム」を核とする「超国家主義」、橋川が言う「ラジカルな「天皇機関説」」、どちらが北の思想の本質に近いのか。その手がかりになるのが、磯部浅一における北一輝受容の問題である。青年将校たちの中で北の影響をもっとも受けていたのが磯部浅一であったことはまちがいない。その磯部の北一輝観を簡単に説明すれば、北はけっして国家社会主義者ではなく、日本の国体に合致する経済機構を構想していた、ということになる。その上で磯部の北に対する言及の中でとくに興味深い点は、北の国体観について磯部が言い訳がましい、そして、強引に解釈をねじ曲げているようにも思える説明を付け加えている点である。

北によれば日本の歴史は三段階の進化を遂げてきた。第一期は「藤原氏ヨリ平氏ノ過渡期ニ至ル専制君主国時代」である。この時代においては、すべての土地と人民は天皇の私有財産であった。第二期は「源氏ヨリ徳川氏ニ至ルマデノ貴族国時代」であり、この時代においては、多くの小国家、小君主が土地と人民を私有していた。そして、第三は「将軍又ハ諸侯ノ私有ヨリ解放セラレントシタル維新革命ニ始マレル民主国時代」である。「維新革命以来ノ日本ハ天皇ヲ政治的中心トシタル近代的民主国」としてあると言う。[5]

この文脈で登場する「近代民主国」という概念について、磯部は一君万民の近代的表現にすぎないと論じ、さらに「近代民主国」とは「外国の民権民主の思想から出たものではない」と、にわかには理解しがたい説明を付け加えている。逆から言えば、北を絶対的に信奉していた磯部すら北の「近代民主国」という観念には違和感をいだいており、いささか苦しい言い訳をせざるをえなかったと言えよう。[6]

では実際に北は磯部の言うように、「近代民主国」という概念を国体明徴論の文脈で用いていたのかと言えば、事実はまったく異なる。『日本改造法案大綱』において、たしかに北は、西洋風の「国民ノ総代者ガ投票当選者タル制度ノ国家ガ或ル特異ナル一人タル制度ノ国ヨリ優越ナリト考フル「デモクラシー」ハ全ク科学的根拠ナシ」と、退けている。国民の「総代者」を選挙で選ぶ大統領制が日本の天皇制よりも優れている理由はない、と言っているわけである。しかし、もう一方で天皇専制、天皇の絶対的権威性を認める政治理念もまた、北の視点からすれば、歴史の逆行を意味していた。北が否定する「頑冥国体論者」の内には明らかに国体明徴論者も含まれている。[7]

『日本国家改造法案』では、「近代民主制」について、「国祖建国ノ精神タル平等ノ国民」という考え方を「再現シテ近代化セル者(ママ)」と説明されている。つまり、北は「平等」という価値観念は洋の東西を問わない普遍的な価値、「デモクラシー」は西洋近代の発明品と区別した上で、「平等ノ国民」という有史以来の建国の精神を近代的に再構成したのが明治維新であったと、説明しているわけである。[8]

一方、たとえば、当時皇道派の将校たちによって盛んに読まれていた農本主義者、権藤成卿の『自治民範政理』では、民主主義の観念が伝統に回帰していく中で再発見されている。権藤によれば古来、国の統治には二種類ある。ひとつは「民衆の自治に任かせ、官司はただ儀範を示して、これに善き感化を与うる」統治。もうひとつは「一切のことを官司みずから取り切って、民衆を統治する」形である。「東洋古代の聖賢の理想はすべてここ(筆者注、「前者」を指す)にあった」、日本もそうであり、これを「社稷」と言うと、権藤は述べている。[9]

比べてみれば明らかなとおり、北の場合、権藤のように古代や伝統に回帰するのではなく、現代の視点から「平等」という普遍的観念を再構成した点を明治維新の歴史的偉業として強調し、「近代的民主国」という言葉を用いている(単に古代に回帰するだけでは、近代的な政治システムの否定に向かわざるをえない。以下で詳しく論じるように、「近代的」に再構成した点を前景化するからこそ、北の国家改造論は、議会制や選挙制を温存することが可能になるわけである)。

実際に国体明徴を蹶起の主な動機としていた村中孝次は、二・二六事件は北の『日本改造法案大綱』を実行に移したものではない、と明確に否定している。その理由として、憲法停止は天皇の大権であって、北の主張をそのまま実行すればそれを犯すことになること、自分たちの目的は国家改造すなわち昭和維新そのものではなく、統帥権干犯の元兇を倒すところにあったこと、北の「国家改造法案の精神は全面的に同意するも、用語の点に於ては誤解せらるる虞ありと思料する点」があることを挙げている。おそらく、村中が言う誤解の恐れがある「用語」とは、磯部もその解釈に苦しんだ「近代民主国」という言葉であったはずである。[10]

『日本改造法案大綱』に記された国体観に対する違和感は、蹶起に参加した青年将校たちにとどまらず、皇道派将校の間で広く共有されていたようである。たとえば、先ほども言及した末松太平は、多くの同志に北一輝の『日本改造法案大綱』は金科玉条なのかと問いかけている。末松によればとくに大岸頼好大尉（皇道派将校ではあったが、和歌山第六一連隊に配属されており、二・二六事件には参加していない）が北に対して批判的であり、『日本改造法案大綱』に代わる新しい国家改造策として『皇国維新法案』を起草していたという。[11]

大岸の『皇国維新法案』については今日、橋下徹馬の『天皇と叛乱将校』[12]で読むことができる。末松は「どこがどう『改造法案』と、きわだってちがってるのかわからなかった」[13]と語っているが、実際に両者を読み比べてみると、経済政策などでは多くの共通点をもちながらも、国家改造の方向性においてまったく異なっていたことがわかる。

まず、北一輝の『日本改造法案大綱』である。北の思い描くクーデター＝国家改造とは、三年間の憲法停止の間に華族制と貴族院を廃止し、貴族院の代わりに審議院を設置する、というものであった。審議院の構成員は「各種ノ勳功間ノ互選及勅選ニヨル」とされている。そして、審議院は、衆議院の決議を一回限り拒否することができる権限が与えられていた。北はこれ以上、審議院について説明しておらず、たとえば、「各種ノ勳功間ノ互選」の結果としてどのような人物が審議院の構成員になるのか（たとえば、貴族院の縮小版のようなものになるのかどうか）、文章からは具体的にイメージすることはできない。しかし、いずれにせよ衆議院の決定を一回だけ拒否できるというのだから、従来の貴族院と比べてかなり権限が縮小されていることはまちがいない。別言するならば、北の思い描く国家改造にあっては、衆議院に与えられた権限が相対的に従来よりも拡大されている。

　また『日本改造法案大綱』では、二五歳以上の男子には全員、選挙権を与え、普通選挙制を行うべきことも主張されている。北は大統領制を否定しながらも、「国民ノ総代者ガ投票当選者タル制度」、つまり選挙によって選ばれた議員が国政をつかさどる議会制そのものを否定してはいなかった。国家の代表者を選挙で選ぶのは日本の国体に合わないとしつつも、もう一方では「二十五歳以上ノ男子ハ大日本国民タル権利ニ於テ平等普通ニ衆議院議員ノ被選挙権及ビ選挙権ヲ有ス」と主張し、選挙制度を基盤とする議会制の導入を積極的に主張していたわけである。加えて『日本改造法案大綱』では、言論の自由を抑圧する治安警察法、新聞条例、出版法の廃止も提唱されており、言論結社の自由が保証された中での普通選挙によって、国政が決定されていく政治体制の構築を北がめざしていたことは、疑う余地がない[14]。

　一方、大岸によって執筆された『皇国維新法案』の場合、厳戒令を施行し憲法を停止するなどの点では一致しながらも、政党の禁止、言論機関の停止、両院の停止などが盛り込まれており、議会制度も言論の自由も一切認めない内容となっている。『皇国維新法案』では、衆議院、貴族院議員に代わって国政を担う主体として「国家改造内閣」の設置が主張されているが、その構成員は天皇の大権によって任命される者であり、内閣の任務は「天皇ノ宣布セル国家改造ノ根本方針ニ則リ改造ノ諸務ヲ執行ス」るところに求められている。[15]

両者の内容を比べてみれば、皇道派の将校たちが北の『日本改造法案大綱』のどこに違和感を感じ、疑念をいだかざるをえなかったかが、はっきりとわかる。北が提起する国家改造においては、国家元首を選挙で選ぶ大統領制を否定することで、一見、西洋風のデモクラシーと距離を置いているように見せかけながらも、普通選挙と議会制はしっかりと維持されている。このような北の主張に基づいて国家改造を行った場合、権限が拡大された衆議院によって、国政が決定されていくことになる。皇道派の将校たちが疑念をいだいたのはまさにこの点であった。ここに皇道派の将校たちは、天皇機関説と通じるものを感じ取ったのであり、だからこそ大岸は『皇国維新法案』において政党結社の禁止、両院の廃止、言論機関の閉鎖を主張せざるをえなかったのである。皇道派の将校たちは、北の「近代民主国家」という観念、「国祖建国ノ精神タル平等ノ国民」が近代的に再構成されたとされる急進的な議会制に違和感をいだいており、この点に注目する限り、「ラジカルな天皇機関説」という橋川の指摘の方がむしろ、北の思想の本質を言い当てていると見るべきである。

付け加えるならば、北の国家改造論が内包する近代性については、経済政策についても同じことが言える。G・M・ウィルソンが「北は大部分の日本のファシストと違って、農村問題にほとんど注意を払っていない」[16]と言うように、北は橘孝三郎や権藤成卿ら農本主義者とは異なり、都市プロレタリアートの救済にもっぱら関心を寄せていた。たとえば、『日本改造法案大綱』巻五「労働者ノ権利」を読むと、労働省を設けること、労働争議の仲裁は労働省が行うこと、労働賃金は自由契約にすべきこと、労働時間は八時間に制限すること、労働者の利益配当は二分の一であること、経営計画、収支決算に労働者も関与すること、労働者にも株主になる権利を与えること、児童労働の禁止、婦人労働の制限など、さまざまな政策提言が行われている。[17] しかし、これらはすべて都市労働者を対象としたものであり、農村を対象とした政策提言は「農業労働者ハ農期繁忙中労働時間ノ延長ニ応ジテ賃金ヲ加算スベシ」「農業労働者ト地主トノ関係モ亦之（筆者注、「経営計画及ビ収支決算」への関与を指す）ニ同ジ」「小作人ヲ擁護スル為メニ、国家ハ別個国民人権ノ基本ニ立テル法律ヲ制定スベシ」の三カ所だけである。とくに三番目の「借地農業民ノ保護」について言えば、青年将校たちにとっては、もっとも重要な問題であるはずなのだが、「小地主小作人ノ間ヲ規定シテ一切ノ横暴脅威ヲ抜除スベキ細則ヲ要ス」という以上の言及は見られず、北が想定する「国民人権ノ基本ニ立テル法律」とはどのようなものであったか、要領を得ないものになっている。北の場合、都市中間層や労働者階級の救済に対する強い関心を示す一方で、農村問題についてほとんど関心を寄せていなかった、と言ってよい。

注

1 久野収 鶴見俊輔『現代日本の思想 その五つの渦』岩波新書 昭和三一（一九五六）・一一

2 橋川文三『昭和維新試論』朝日新聞社 昭和五九（一九八四）・六

3 滝村隆一『北一輝 日本の国家社会主義』勁草書房 昭和四八（一九七三）・五

4 北博昭『二・二六事件全検証』朝日選書 平成一五（二〇〇三）・一二

5 『日本改造法案大綱』引用は『北一輝著作集 第二巻』（みすず書房 昭和三四（一九五九）・七）所収

6 池田俊彦編『二・二六事件裁判記録 蹶起将校公判廷』（原書房 平成一〇（一九九八）・二）所収

7 注5と同じ

8 注5と同じ

9 『自治民政理』学芸社 昭和一一（一九三六） 引用は橋川文三編『現代日本思想体系第31 超国家主義』昭和三九（一九六四）・一一

10 「東京陸軍軍法会議公判状況〔香田清貞以下二十三名〕」 林茂他編『二・二六事件秘録（三）』

（小学館　昭和四六（一九七一）・九）所収
11　末松太平『私の昭和史』　みすず書房　昭和三八（一九六三）・二
12　橋下徹馬『天皇と叛乱将校』　日本週報社　昭和二九（一九五四）・五
13　注11と同じ
14　注5と同じ
15　注12と同じ
16　G・M・ウィルソン／岡本幸治訳『北一輝と日本の近代』　勁草書房　昭和四六（一九七一）・一二
17　注5と同じ

第四章　アジア主義との関わり
――北一輝と二・二六事件（二）

ところで、従来の研究においては、しばしば、北が明治三九（一九〇六）年に出版した『国体論及び純正社会主義』と『日本改造法案大綱』との連続性が指摘されてきた。『国体論及び純正社会主義』を一言で説明すれば国家社会主義の書というべきものである。北によれば、歴史とは平等の実現過程である、ここで言う平等とは経済的平等を意味する。北に言わせれば、明治維新そのものが社会民主主義革命であったわけだが、それは第一革命というべきものであって、「法律の上に社会民主々義なることを説明」したものにすぎず、

「社会主義の経済的方面たる土地資本の国有」、「経済的維新革命」にはいたらなかった。[1]『国体論及び純正社会主義』の主題はその実現を主張するところにある。ただし、北の場合、社会ダーウィニズムを視座として国家間競争の必然性を論じるものとなっており、国家主義を認め日露戦争を肯定する点で、幸徳秋水など日露戦争に反対した同時代の社会主義者との大きなちがいを形成している。

たとえばG・M・ウィルソンは「概して北の国内改造案は、青年期の「純正社会主義」に対する関心の所産なのだといえよう。ようするに『改造法案』は、一九〇六（明治三九）年の著作（『国体論及び純正社会主義』）と明白かつ直接的なつながりがある[2]」、と論じている。このように従来の論考においては『国体論及び純正社会主義』の延長上に昭和期の国家改造論が位置すると指摘されてきた。

しかし、『日本改造法案大綱』をつぶさに検討してみると、同書を社会主義の書と言うにはかなり無理のある内容が含まれていることがわかる。社会主義的な要素、社会民主主義的な要素が含まれてはいるものの、『国体論及び純正社会主義』と比べれば、その内容は現実、すなわち資本主義にかなり歩み寄ったものになっている。

たしかに、父母による養育が難しい一五歳未満の児童は代わって国家が養育と教育を行う、実子も養子も持たない六〇歳以上の男女や労働が難しい障害者は国家が代わって扶養の義務を負う、女子も男子と同様の教育の機会を与えられるなどなど、さまざまな社会福祉政策が、同書では提言されている。このような経済的弱者救済の姿勢が社会民主主義、すなわち『国体論及び純正社会主義』に通じることは言うまでもない。

しかし、もう一方で、『日本改造法案大綱』[3]では私有財産の制限について、「限度ヲ設ケテ壹百萬円以下ノ私有財産ヲ認ムルハ、一切ノ其レヲ許サヾランコトヲ終局ノ目的トスル諸種ノ社会革命説ト社会及人性ノ理解ヲ根本ヨリ異ニスルヲ以テナリ。個人ノ自由ナル活動又ハ享楽ハ之レヲ其ノ私有財産ニ求メザルベカラズ」とも記されている。同書では私有財産を大幅に制限する社会主義思想とはまったく異なる人間認識を前提として、論が展開されている。すなわち自由や享楽を求めるのは人間の性であって、そのような人間の本質もまた尊重しないといけないと、北一輝は記しているのだ。このような前提に基づき、同書では私有財産の上限が一〇〇万円と定められることになる。『日本改造法案大綱』が刊行された大正一〇（一九二一）年頃の銀行員の大卒初任給が五〇円、小学校教員の初任給が四五から五〇円、警察官初任給が四五円の時代である。[4] 大卒一年目の年収を六〇〇円と計算した場合、一〇〇万円の私有財産というのは、その一五〇〇倍以上となる。物価の問題もあるので現代とは単純に比較はできないが、いずれにせよ一〇〇万円とは相当な額であったことはまちがいなく（ちなみに『国家改造法案大綱』では私有財産が三〇〇万円まで認められていた）、かりに北の提言が実行されたとしても、ほとんどの日本人は私有財産のほぼ全額を認められることになる。たしかに資産の上限は設定されていたものの、北のイメージする国家改造は社会主義とはほど遠いものであり、ごくごく一部の富裕階級の解体のみを狙ったものであった。国家社会主義というよりは国家の管理の下で自由経済が認められた国家資本主義とも言うべき国家改造のイメージが、『日本改造法案大綱』では語られている。

『日本改造法案大綱』の国家資本主義的性格、私有財産制に基づく「個人ノ自由ナル活動又ハ享楽」の追求を許容する姿勢の深層には、どのような北の意図があったのか。この問題を考えていくにあたって、手がかりになるのは取り調べの際、北が「私の根本思想を申しますれば、この支那革命外史に書いてある日本の国策を遂行させる時代を見たいと謂ふ事が唯一の念願」であったと語っている事実である。[5]この言葉の興味深い点は、この時期の北の国家改造論と直接的な影響関係にあったのは、『国体論及び純正社会主義』ではなかった事実、『支那革命外史』の延長上に『日本改造法案大綱』が成立していることである。

『日本改造法案大綱』のもとになった『国家改造法案大綱』について、北は同書を執筆するにいたる経緯を、「第三回の公刊頒布に際して継ぐ」[6]で、次のように説明している。

自分は十有余年間の支那革命に与かれる生活を一抛して日本に帰る決意を固めた。

十数年間に特に加速度的に腐敗堕落した本国をあのまゝにして置いては、対世界策も対支那策も本国其者も明かに破滅であると見た。（中略）さうだ、日本に帰らう。日本の魂のドン底から覆へして日本自らの革命に当らう。（中略）全亜細亜の七億万人を防衛すべき『最後の封建城郭』は太平洋岸の群島に築かるべき革命大帝国であると。斯くして此の法案を起草し始めたのである。

さらに文章は「煩悶懊悩に一箇月。執筆に一箇月—而も此の期間に於て眼前に見る排日運動の陣頭に立ちて指揮し鼓舞し叱咤して居る者が、悉く十年の涙痕血史を共にせる刎頸の同志其人々である大矛盾をどうする」という難問と向き合いながら執筆を進めた、と続くことになる。

『国家改造法案大綱』執筆の経緯については、松本健一の『評伝北一輝Ⅲ』[7]に詳しく解説されている。中国にあって民主化革命に従事していた北は、日本による山東出兵をきっかけに中国で盛んになった抗日運動を目の前にすることになった。しかも、そのリーダーたちはかつて自分と共に中国民主化のため奔走していた仲間であった。北のシンパシーは当然のことながら、彼らの側にあり、中国における利権の拡大をもくろむ日本の姿に「腐敗堕落」を見た北は、帰国を決意、同時に『国家改造法案大綱』の執筆を開始することになった、松本はこのように説明している。

北が同書を執筆する直接的なきっかけは貧民救済でも赤化防止でもなく、中国で利権を拡大しようとしている日本を、アジア解放のための「革命大帝国」へと改造するところにあった。実際、北は帰国後、満川亀太郎、大川周明らとともにアジア主義を標榜する政治団体、猶存社に参加することになる。そのメンバーであった中谷武世は、「日本改造法案は、この巻八国家の権威の項に至って、支那、印度等のアジア解放と領土保全のための開戦の積極的権利を高唱しているのであって、これは日本の改造は日本そのものの改造に止まらずして、アジアを含む全有色人種の独立解放を目標とするものである」「改造を終えた日本国、即ち革命的大帝国主義の暁は、急転直下、此の本来の民族解放の使命の遂行に突入すべきことを示唆しているのである」、と語っている。[8] 帰国後の北とともに猶存社にあった中谷の眼には、『日本改造法案大綱』がアジアの解放を主題とする書に映っていた。

さて、その巻八であるが、この章は「徴兵制ノ維持　国家ハ国際間ニオケル国家ノ生存及ビ発達ノ権利トシテ現時ノ徴兵制ヲ永久ニ亙リテ維持ス」という文章から始まっている。そして、国家には自己防衛のためはもちろんのこと、「不義ノ強力ニ抑圧サルル他ノ国家又ハ民族ノ為メニ戦争ヲ開始スル」権利があること、「則チ当面ノ現実問題トシテ印度ノ独立及ビ支那ノ保全ノ為メニ開戦スル如キハ国家ノ権利」であること、「不法ノ大領土ヲ独占シテ人類共存ノ天道ヲ無視スル者ニ対シテ戦争ヲ開始スルノ権利」もあること、したがって日本は、「濠州又ハ極東西比利亜ヲ取得センガタメニ其ノ領有者ニ向テ開戦スル如キハ国家ノ権利」を有することが、主張されることになる。イギリスによるオーストラリアの領有、ロシアあるいはソビエトによる西シベリア領有は、「人類共存」の道に反するものであり、戦争を通してこれを排除することは、北にとっては、国家の当然の権利であった。

ここで北の言う「人類共存」については、『日本改造法案大綱』の註でより詳しく解説されている。これを読むと、強きをくじいて弱きを助けるというような道義的な正義感に基づく戦争の正当性を、北が主張していたわけではなかったことが見えてくる。イギリスやロシアは世界における有産階級、日本は無産階級であって、「国際的無産者」である日本が戦争に訴えて、有産者たるイギリスやソビエトから富を奪うのは当然の権利であり、「合理化セラレタル民主社会主義其者ノ名ニ於テモ日本ハ濠州ト極東西比利亜」を要求できると、北は考えていた。彼の言う「人類共存」とは富者と貧者、すなわちイギリス、ソビエトと日本の共存を意味しており、オーストラリアのアボリジニや極東シベリアの遊牧民との共存を意味しているわけではなかった。

また、巻八ではインド、中国の解放に日本も国家を挙げて取り組むべきことが提唱されている。シベリアやオーストラリアとは異なり、北にとって、インドや中国は列強のくびきから解放すべき「アジア」であった。『国家改造法案大綱』の主な執筆動機はここにある。「印度独立ノ能否ヲ決定スル者ハ一ニ只英国海軍ヲ撃破シ得ベキ日本及日本ノ同盟スベキ国家ノ海軍力如何ニアリ」「日本ハ此ノ改造ニ基ク国家ノ大富力ヲ以テ海軍力ノ躍進的準備ヲ急グベシ」、そう北は巻八の註で主張している。

『日本改造法案大綱』は、ここではじめて、国家改造の最終的な目的を語りはじめることになる。イギリスはインドの宗主国であり、アヘン戦争以降は、中国においても莫大な利権を確保しつつあった。インドや中国の独立をめざす以上、イギリスとの武力衝突は不可避である。北によれば、日本がアジア解放のためにできることとは、イギリス本国からの「陸兵輸送ヲ不可能」ならしめることであり、それはすなわち海軍力の充実を意味する、というものだった。国家改造によって得た国益も、極東シベリア、オーストラリア獲得によって得る利益も、海軍力充実のために使わなければならない、これが『国家改造法案大綱』『日本改造法案大綱』における北の最終的な目標であった。[9]

この時点で北の主張する国家改造とアジア解放の間の回路がつながることになる。北が提唱した国家改造の目的のひとつは、一定程度、個人を国家の管理下に置きつつも、利己的欲望の自由な追求を許容する社会環境を整備していくこと、つまり、自由経済と計画経済のいいとこ取りを行うことで、合理的に国富を蓄積していくところにあった。そして、その最終目的は、蓄積した富を海軍力の整備に充て、日本がアジア解放の牙城として生まれ変わっていくところにあったのである。

北は『日本改造法案大綱』において、反資本主義的な社会を、ユートピアとして描くことはなかった。この点において北は、農本主義者とも二・二六の青年将校ともまったく異なる。資本主義をかなりの程度、認める北は、現実とは真逆の像を紡ぎ出すようなユートピアではなく、現実に寄りそい、それに修正を迫るような国家改造を提唱している。このような北のリアリズムは彼のアジア主義的な思想と関わりがある。アジアを列強のくびきから解放するためには海軍力が必要であり、そのためには資金が必要である。このような逆算からはじき出された国家改造が、『国家改造法案大綱』であり『日本改造法案大綱』であった。

それにしても不思議なのは、なぜ北の思想の内部ではアジアの解放と貧民救済が融合したような国家改造案が練り上げられていったかということである。このふたつのテーマは常識的には無関係のようにも思われるからだ。

ここで想起すべきは、北のアジア主義の場合、民族観念を近代的個人のアナロジーとして理解しようとしている点である。北の思想においては自由と平等が保証された主体の獲得が声高に叫ばれているが、これを国内問題に引きつければ、支配階級の否定、たとえば明治維新における封建制、幕藩体制の否定、昭和期における政党や資本家、貴族、華族などの支配層の否定を意味することになる。そして、その北が国際問題を論じる際には、民族という単位が個人のアナロジーとして定位されることになる。言い換えれば、近代民主国、近代市民社会をミクロコスモスとするならば、そのマクロコスモスとして国際的な世界秩序を形成しようとするのが、北のアジア主義であった。抑圧された人間が中世的秩序から解放され、自由で平等な個人となることと、アジア諸民族が列強による支配から解放されることは、北にとっては同義であった。そこにあるのは国内問題として民主的なシステムを構築するか、国際秩序として民主的システムを構築するかだけのちがいであり、理念においては何ら変わりはなかったのである。

だからこそ、北にとってはアジアの解放と貧民救済はけっして矛盾するものではなかった。国内における搾取─被搾取の関係が、富裕層と労働者階級の対立であるとするならば、国際レベルにおける搾取─被搾取の関係は、列強とアジアの関係となる。両者はミクロコスモスとマクロコスモス、あるいは入れ子式の構造として北によって認識されており、そのような北にとっては、アジアの解放も貧困層の救済も、ほとんど同義であったのである。

注

1 『北一輝著作集　第一巻』（みすず書房　昭和三四（一九五九）・三）所収

2 G・M・ウィルソン／岡本幸治訳『北一輝と日本の近代』勁草書房　昭和四六（一九七一）・一

3 『北一輝著作集　第二巻』（みすず書房　昭和三四（一九五九）・七）所収

4　週刊朝日編『値段の明治大正昭和風俗史　上』朝日文庫　昭和六二（一九八七）・三

5　「憲兵調書〔北一輝〕」『二・二六事件秘録（二）』小学館　昭和四六（一九七一）・二

6　大正一五（一九二六）年一月、引用は注2と同じ

7　松本健一『評伝北一輝Ⅲ』岩波書店　平成一六（二〇〇四）・三

8　中谷武世『昭和動乱期の回想　上　中谷武世回顧録』泰流社　平成元（一九八九）・三

9　注3と同じ

第五章　内政への傾斜 ——北一輝と二・二六事件（三）

第四章で見てきたような北の思想が、二・二六事件の段階でも変わらないままであったことはまちがいない。だから北は尋問の際に、「日本の如き領土狭小の国家に於ては、国家の生存権として侵略主義も亦日本に於ては正義であると主張して居ります。そして改造案全体として観るときは、日本帝国を大軍営の如き組織となすべしと謂ふ精神を以て記載したのであります」[1]と語るわけである。国家改造は北にとって、「支那ノ保全」や「印度ノ独立」、シベリア割譲など、アジア主義者としての理想を実現していく上で求められる国力増強のための青写真としてあった、すくなくともそこに主眼があった。

また、北は「青年将校及び軍人が改造法案に共鳴するは外交問題に於てはあるべきも、其他の手段方法は承認共鳴せぬものであるべく」[2]とも語っている。『日本改造法案大綱』に関して北は、外交上の主張については、軍人も共感するだろうが、そのための手段としての厳戒令の施行、憲法停止、国家改造などは、共感を得ることはないだろう、という見通しを持っていた。北が軍人たちに期待したのは、二〇世紀の帝国主義的な世界情勢に開眼し、日本の道義的役割、すなわちアジアの解放を、歴史的使命として覚醒するところにあった。

しかし、『日本改造法案大綱』から思想的影響を受けた青年将校たちは、北が予想したのとは正反対の方向に向かっていくことになる。ほとんどの青年将校は、北の著書から外交問題について学ぶことはなく、もっぱら内政問題解決のための青写真として『日本改造法案大綱』を受容していったのである。北による国家改造の目的がアジア主義的な理想の実現にあったにもかかわらず、その青写真が青年将校の手に移った時、それは、国体護持や皇軍存立の根拠の獲得、貧民救済などなど、内政問題を解決するための手段へと変質化していくことになった。多くの青年将校が北の『日本改造法案大綱』を読みながらも、北の意図とは大きくかけ離れる形で、その関心を内政のみに向け、アジア主義的側面に関しては、意識的にか無意識的にかはともかく、何も関心を示さないままに、蹶起へと突き進んでいった事実は、きわめて興味深い。

ただし、磯部浅一だけは北の思想が内包するアジア主義的な側面にも注意を払っていた痕跡を確認することができる。「第五回公判調書」[3]で磯部は、「八紘一宇の国体顕現の外交方針を樹立し、外国の大小国家に君臨」する上で、「我国の軍備は極めて不定」である、「北一輝の日本改造法案大綱に日本は極東を保全する為豪洲を領有し印度の独立を図らねばならぬ。其の為には陸海軍の巨大なるを要す」、この点も私の考えと一致している、と語っている。しかし、磯部の場合、国家改造による国体明徴や貧民救済に北の思想的核心があると見ており、アジア主義的な理念については付け足し程度のものとしてしか扱われてはいない。一方、北の議論にあっては、「支那ノ保全」や「印度ノ独立」が国家改造の目的として位置づけられており、内政を手段、外交を目的とした北の思想を反転し、内政問題を目的に位置づけ、外交を手段として位置づけていくところに、北の思想が磯部によって受容されていく過程で生じた重要な読み替えがある。青年将校中、もっとも北の影響を受けた磯部においてすら、アジア解放は蹶起の目的として語られることはなかった。

しかし、よくよく考えてみれば、ほぼ全員の青年将校たちに共有されていた国体明徴論は、彼らの内面において、アジア主義とは併存しうるものではなかったのではないだろうか。たとえば、ハンナ・アーレントは「人種イデオロギーと階級イデオロギーが近代の世論支配をめぐって相争うのを見て、人々はそれをナショナリズムとインターナショナリズムの闘いだと考え易いし、その際、人種主義は諸国民間の戦争向きに、弁証法的唯物論は内戦向きにできていると見做しやすい」[4]と論じている。アーレントはここで人種主義は対外戦争に、社会主義は内乱に向かうと論じているわけだが、青年将校たちの場合、このような図式には当てはまらない。彼らの場合、アーレントが対立的に語る「人種イデオロギー」

と「弁証法的唯物論」が一体化してしまっている。言い換えれば、経済的平等を、人種主義によって実現しようとしている。あるいは、経済的平等を手段として人種主義的なアイデンティティーを強化しようとしている、と言ってもよいかもしれない。いずれにせよ、彼らの関心は内政にのみ向けられており、別言すれば、貧民救済を企図する彼らの人種主義においては、その結果として、対外戦争にむかう道筋があらかじめ遮断されており、ここに北のアジア主義との決定的な断絶を確認することができる。

蹶起に参加した青年将校のひとり、林八郎は、「其当時（筆者注、「幼年学校」の頃）迄は、私の考へは主として大亜細亜主義の実現と云ふやうな方向に向けられて居たが、その後十月事件、五・一五事件等々に逢着して国内の問題を考へる」[5]ようになった、と語っている。林の思想遍歴が青年将校全員を代表している保証はないが、この時代の青年将校たちをとりまく思想的動向を、ここから想像することができる。思想的混乱やテロ、軍閥の抗争が繰り返された昭和初期にあって、中国の保全やインドの独立といったアジア主義的な政治課題は、国内問題の騒々しさにかき消され、青年将校たちの関心は内政問題に移っていった。

また、第二章で言及した新井勲も、青年将校たちの気持ちを代弁して、「蹶起した青年将校の志が、軍の主流である統制派の幕僚の企図していた対外戦争に反対だった」、彼らが成し遂げようとしたのは、「天皇中心の維新、それは国体の尊厳と御稜威を阻むところの幕府を倒すことであつて、主流派の統制派の幕僚の計画するようなファッショ革命でもなければ、軍国主義の侵略戦争でもなかった」と、語っている。[6] 新井の言葉の中でとくに興味深い点は、青年将校たちが海外進出についてまったく関心を示していなかった、と語っている点である。彼らの関心はあくまで国内における貧困層、とくに農民の救済と国体明徴に向けられており、その直接的解決には結びつかない（石原莞爾は満州事変を起こし、結びつけてしまったが）日本の海外進出に関しては一切、関心を示さなかったというのだ。

実際、事件に連座して死刑になった右翼活動家、渋川善助は憲兵隊による尋問の際、「内憂外患の国家非常時局に際会して、外侮を除くためには先ず国内の諸政を革新して護りを固くしなければならない。これがため維新断行の目的は、一君万民の真姿を顕現するにある」[7]と答えている。国際社会において侮りを受けないためにはまず、内政を立て直さなければならない、このような言葉は、新井が代弁した青年将校たちの心情と通じるものである。高橋正衛は「彼らの主観的意図には、ファシズムも帝国主義的侵略もなかった。彼らの思想形成には農民・労働者の窮状という状況が大きく作用し、その窮状を都市叛乱による元老・重臣をふくむ政府顚覆で救えるとして蹶起した」[8]と指摘しているが、以上のような証言を踏まえても、青年将校たちの関心がもっぱら内政に向けられていたことはまちがいない。

ここにはそもそも思想とは何かという根本的な問題が内包されている。思想とは書かれた言葉ではない。それを生きることではじめて思想は、現実を変革する力となる。しかし、思想が実行へと移行していくプロセスにおいて、とくに思想家と実行者が別人格である場合において、思想はさまざまな影響を受け、変容を強いられる。実行者は思想をそのままに実現しようとはしない、あるいはできない。現実を変革しようとする実行者の情念は、生い立ちや性格、人生経験あるいは社会状況など、さまざまな外的要因によって形成される。そして実行者は、自分の情念に引きずられる形で、思想家の意図を曲解し変容してしまうことになる。

小林秀雄の「歴史は決して二度と繰り返しはしない」という言葉について、柄谷行人は「たぶん彼がいいたかったことは、出来事を法則・構造（同一性）として理念（一般性）のなかでの特殊性として見るのではなく、単独性として見なければならないということだ」[9]と語っている。これを踏まえるならば、思想が思想家の手から実行者に移り、現実変革のエネルギーへと転化されるということは、「思想」が「歴史」へと姿を変えることを意味する。実行者の性格や生い立ち、あるいは実行者の生きた時代状況は、思想に対する理解に一定の偏向をもたらす。実行者が生きる一回的な生によって変容を強いられた思想にもとづいて現実の変革が企てられる時、その思想は「歴史」、つまり構造化しえないような一回的な出来事に姿を変えるのだ。構造を内包する、書かれたものとしての「思想」は、一回的な出来事としての「歴史」へと姿を変えることで完結することになるのである。

　国家改造を通じて経済的発展を実現し、海軍力を増強し、国際的秩序における平等性の実現、すなわちアジアの解放をめざすところに、北の目的があった。しかし、貧困に苦しむ農民、農村から徴兵されてきた兵士たちが抱えるさまざまな不遇、日本社会で進行する共産主義の浸透とその結果としての天皇制の弱体化、このような状況を背負う形で磯部や栗原は、内政問題を解決する書として、北の『日本改造法案大綱』を理解していくことになった。この時点で彼らのパースペクティブからは、北のアジア主義的な問題意識が、完全に抜け落ちてしまっている。磯部や栗原の現状変革の情念は、『日本改造法案大綱』の字義通りの理解を阻み、同書が主張するアジアの解放やラディカルな天皇機関説的の実現に対する死角を形成してしまっている。そして、それは、北の思想が「歴史」に変容した瞬間でもあった。現実変革のエネルギーへと思想が転化される時、その思想は実行者を介して構造的なものから一回的な出来事へと姿を変えることになる。

　二・二六事件を思想課題として考える場合、ここにはきわめて重要な問題が潜在している。この事件においては、思想家＝北一輝と実行者＝青年将校の両方が、ほぼ同時に表舞台に登場し、裁きの対象となっている。そして、憲兵隊や陸軍検察団による尋問調書をつぶさに読んでいく時、思想が歴史へと変容していくプロセスが鮮やかに浮かび上がってくるのだ。その意味では、二・二六事件は私たちに、思想とは何か、思想は世界を変革しうるのかという難問に対するさまざまな示唆を与えるものとなっている。

注

1 「憲兵調書（北一輝）」『二・二六事件秘録（一）』（小学館　昭和四六（一九七一）・二）所収

2 「東京陸軍軍法会議公判状況（北輝次郎以下三名）」『二・二六事件秘録（三）』（小学館　昭和四六（一九七一）・九）所収

3 池田俊彦編『二・二六事件裁判記録　蹶起将校公判廷』（原書房　平成一〇（一九九八）・二）所収

4 ハンナ・アーレント／大島通義他訳『全体主義の起源2』　みすず書房　昭和四七（一九七

二）・一二

5 「叛乱将校及びこれに準ずる者香田清貞以下二十四名訊問調書」『二・二六事件秘録（一）』（小学館　昭和四六（一九七一）・二）所収

6 新井勲『日本を震撼させた四日間　2・26事件青年将校の記録』文藝春秋新社　昭和二四（一九四九）・九

7 福本亀治『秘録二・二六事件真相史』大勢新聞社　昭和三三（一九五八）・五

8 高橋正衛『二・二六事件　「昭和維新」の思想と行動』中公新書　昭和四〇（一九六五）・八

9 柄谷行人『探究Ⅱ』講談社　平成元（一九八九）・六

第六章　違犯とエロティシズム
――三島由紀夫と二・二六事件（一）

次に、思想課題として二・二六事件を考える際に私たちが直面する最大の難問、三島由紀夫事件について考えていく。

古林尚との対談「三島由紀夫　最後の言葉」[1]で、三島は文武両道は最終的には分けられないとしても、一応は別のものとして考えていると語っている。ここで言う「文」とは作家としての創作活動であり、「武」とは楯の会を拠点とする思想運動を指す。三島自身の言葉で言えば、「ぼくがたとへば思想運動みたいなことをやつてゐるとしても、ぼくの小説がちよつとでもその影響を受けたりしたらぼくは負けだと思つてゐるんです。小説を書くときには、全エネルギーを投入して書きたい」ということになる。

これを踏まえるならば、二・二六事件についても三島は複眼的な視点で眺めていた、最終的には政治上の問題と交錯するとはいえ、表面的にはそれとは別に、文学上の関心の対象としても二・二六事件を眺めていた、ということになってこよう。

実際、三島は「「道義的革命」の論理―磯部一等主計の遺稿について」[2]において、「純精神的見地から見れば、事を起した将校たちは皆一つである。そこに甲乙上下があるべきではない」が、「人間劇の見地から見るときに、もつとも個性が強烈で、近代小説の激烈な主人公ともなりうる人物こそ、磯部一等主計」である、と前置きした上で、次のように語っている。

> 二・二六事件はもともと、希望による維新であり、期待による蹶起だつた。といふのは、義憤は経過しても絶望は経過しない革命であるといふ意味と共に、蹶起ののち

も「大御心に待つ」ことに重きを置いた革命であるといふ意味である。かういふ二・二六事件の根本的性格を、磯部ほど象徴的に体現してゐる人物はなく、そこに指導者としての磯部を配したのは、神の摂理とさへ思はれるのである。

体現する精神的価値において青年将校たちはみな等しく尊いとしても、文学の主人公にふさわしいかどうかという観点から見た時、磯部浅一の人間性は傑出している、と三島は考えていた。

ここで三島は、二・二六事件について「「大御心に待つ」ことに重きを置いた革命である」と述べているが、これをわかりやすく言い換えれば、青年将校たちの天皇に対する絶対的な信仰、全幅の信頼が、蹶起の行く末に対する期待や希望的観測を確信させていた、ということになる。三島にとって、その代表的な存在が磯部であった。

その磯部について三島が具体的に言及している文章としては、先ほど言及した「「道義的革命」の論理―磯部一等主計の遺稿について」のほか、「二・二六事件と私」[3]がある。両者に共通している点は、いずれのエッセイでも三島が、事件に参加した磯部は歓喜と興奮の中でオルガニズムにも似た没我状態を体験したと、記している点である。

たとえば、三島は「二・二六事件と私」で、磯部の「行動記」に記されたある一節を引用している。それは磯部が蹶起の朝、首相官邸に至る坂を上りつつあった時の様子を記した、「勇躍する、歓喜する、感慨たとへんにものなしだ。(同志諸君、余の筆ではこの時の感じはとても表し得ない、とに角言ふに言へぬ程面白い、一度やって見るといい、余はもう一度やりたい。あの快感は恐らく人生至上のものであらう)」という言葉である。磯部は蹶起についてその道義的正当性を語るのではなく、自分の心象風景、「勇躍」「歓喜」「人生至上」の「快感」という主観的体験を語っている。そして、三島は「この人生至上の面白さは、しかし、あのとき少年たちの心に直感的に宿ったものと、相照応するものがあった」と、彼自身が二・二六事件の朝、体験したものと、この磯部の回想が通底していることを書き記すことになる。

また、「「道義的革命」の論理―磯部一等主計の遺稿について」[4]には、磯部が蹶起に際して感得した歓喜や快楽、没我が一層詳細に語られている。磯部は手記において、陸軍大臣らが蹶起の趣旨を認めた瞬間の青年将校たちの歓喜を性的交渉になぞらえているのだが、三島はこのエピソードについて、「観念的な赤誠盡忠（せきせいじんちゅう）が」「肉体化」された「官能の頂点」、「道義的革命のエロティシズムの最高の陶酔」と、説明している。観念的な天皇への忠義心と官能が一体化したような心象風景を磯部は書き記している、と三島は言うのだ。

それにしても「赤誠盡忠」と「官能」の融合、「道義」性と「エロティシズム」の一体化、という私たちの言語感覚からすれば、容易には了解しがたい三島の言葉をどのように理解すればいいのだろうか。常識的に考えれば、忠義心は無私に通じる。その究極の形は殉死であろうし、官能に身を委ねれば欲望やエゴの無限の拡大をもたらすことになる。その姿は殉死とはほど遠い。

おそらく、官能やエロスを道義性、たとえば殉教や殉死に結びつける三島の発想の背景には、ブランスの思想家、ジョルジュ・バタイユの影響がある。

たとえば三島は「二・二六事件と私」[5]で、バタイユを「エロティスムのニーチェ」と呼んでいる。三島によれば、少年時代まで敬虔なカトリックであったバタイユは、ある日「神の死」を体験してから、エロティスムの研究に没頭するようになったという。その上で三島は、清水徹「バタイユ論」の「エロチスム（ママ）はかれに『神の死』という暗い現実をもつとも直截に語るものだつた」「いまや性を覆う《禁止》も、すべて空ろな形骸と化し、しかも死んだ神の記憶はまだバタイユに生なましい」という言葉を引用紹介した上で、「二・二六事件の挫折によつて、何か偉大な神が死んだのだつた」と、バタイユが体験した神の死と二・二六事件との同質性を語りはじめることになる。

ニーチェの言う神の死とは近代文明の勃興によって神の存在が否定されるようになり、結果、絶対的な視点や価値観がなくなった、というほどの意味であろうが、これをエロティシズムの問題に引きつけて思索をめぐらしたのがバタイユであったと、三島は語っている。そして、三島の言葉にしたがうならば、バタイユが論じた「神の死」とは、キリスト教が人間に課す「性を覆う《禁止》」が形骸化した現代の姿を意味していた。

わかりにくいのはバタイユを解説する清水の文章を引用した直後、話題が二・二六事件に移り、少年であった自分もまた同じ「神の死」を直感したと、三島が語りはじめている点である。率直に言えば、ここで三島の筆はあまりにも走りすぎている。一読しただけでは、なぜバタイユが二・二六事件に繋がるのか、二・二六事件のどこが神の死を意味しているのか、さっぱり見当がつかない、というのが正直な感想である。

そこでバタイユと比較しつつ、三島の意図するところを明らかにしていく必要が生じてくるわけだが、まずはその前提としてバタイユが論じる、エロティシズムと禁止の問題についで確認するところからはじめることにしよう。

バタイユによれば、エロティシズムは、「禁止と違反に関する相矛盾した、個人的な体験」の中に存在している。「違反は禁止を除去するのではなく禁止を高める」[6]のであり、そこにエロティシズムの原動力がひそんでいる、というわけである。

私たちは何らかの禁止を違犯する瞬間、後ろめたさを感じる。と同時に、また禁止を破りたいという欲望に支配されてしまう。欲望と恐怖、激しい快楽と後ろめたさが一体化したような内的体験を、バタイユはエロティシズムと呼んだ。一般的な意味でのエロティシズムとはかなり異なった語調で、バタイユ、そして三島が、エロティシズムという言葉を用いていることは気をつけておかなければならない。

このようなエロティシズムは宗教と密接な関係があるのだが、その関係はキリスト教と非キリスト教ではまったく異なる。

まずは非キリスト教から説明すると、「宗教は本質的には禁止に対する違反を命じる」[7]という言葉が示すように、バタイユにとって、キリスト教をのぞくあらゆる宗教におけるエロティシズムは、世俗社会において共有されている禁止に対する違犯を促す力を意味している。労働は、効率的な生産を目的とする以上、理性的な行為を要求することになり、とくに集団における労働の場合、暴力が禁止される。バタイユにしたがうなら、非キリスト教社会におけるエロティシズムとは、世俗社会が求める暴力の禁止を宗教的要求によって違犯する後ろめたさと高揚感、快楽、法悦を意味する。[8]

その上でバタイユは、キリスト教とエロティシズムの関係においては、禁止と違犯をめぐる主客が反転していると、語りはじめることになる。他宗教においてはエロティシズムが宗教の側に組み込まれているのに対して、キリスト教だけは宗教とエロティシズムが対立的な関係にあり、だからこそキリスト教は他宗教の大部分を断罪することになったというのだ。その意味で、キリスト教という宗教は、バタイユに言わせれば「最も宗教的ではない」[9]宗教なのである。

バタイユは次のように語っている。

世俗の一面は、神聖における清浄の半面と結びつき、もう一面は不浄の半面と結びついた。世俗における悪は、神聖の悪魔的な部分と合体し、善は神性の部分と合体した。善はその実践行為の意味がどうであれ、聖性の光を集めた。聖性という言葉は、最初は神聖を意味したが、こうした性格は善に捧げられた生活、神と同時に善に捧げられた生活に結びつけられた。瀆聖は、世俗の接触という、異教徒のあいだで持っていた最初の意味をふたたび取りもどした。（中略）違犯だけが、その危険な性格にもかかわらず、神聖な世界への道をひらく力を持っていた。（中略）逆説的な一つの方法で、不浄との接触であるキリスト教の瀆聖は、本質的な神聖に近づき、禁じられた領域に近づいた。[10]

キリスト教は、世俗領域にあるさまざまな価値を神聖なるものと不浄なるものに分かつことで、一方を宗教の側に、もう一方を世俗の側に、組み込んでいく。その結果、キリスト教において禁止は宗教の側に内包されることになった。キリスト教は、みずからが体現する神聖な価値に対して、世俗の側から接近すること、違犯することを厳しく禁止したわけである。バタイユによれば、キリスト教世界では、神聖と禁止は一体化しており、神聖への接近は違犯においてのみ実現されることになる。しかし、その違犯＝接近こそが悦楽それ自体であり、「恐怖が大きければ大きいほど、それだけ歓喜は深かった」[11]という逆説がここに成立する。このような逆説的なエロティシズムを抱えるキリスト教の場合、エロティシズムとは世俗の価値を違犯するのではなく、宗教や神聖への接近の中で生成される没我、歓喜、恍惚として位置づけられる。禁止に対する違犯・接近の瞬間の歓喜と法悦としてエロティシズムが成立するというバタイユの考え方からするならば、神聖と禁止が密接不可分に一体化しているキリスト教の場合、禁止の主体であるキリストに世俗にある人間が接近していくことで、エロティシズムは発生することになる。

　では三島は、禁止と違犯をめぐる非キリスト教とキリスト教、ふたつのありかたの内、どちらに関心をいだいていたかと言えば、とりあえずは後者、キリスト教におけるエロティシズムに対してであったと言えるだろう（次章で詳しく説明するが、厳密に言えば三島のエロティシズム論においては、両者を対立的に位置づけるバタイユとは異なり、入れ子式の関係にあると見なしている）。

三島は「三島由紀夫　最後の言葉[12]」で次のように語っている。

> 現代生活といふものは相対主義のなかで営まれるから、褻（け）（筆者注、日常または普段の生活といふほどの意味）だけに、日常性だけになつてしまつた。そこからは超越的なものが出てこない。超越的なものがない限り、エロティシズムといふものは存在できないんだ。エロティシズムは超絶的なものにふれるときに、初めて真価を発揮するんだとバタイユはかう考へてゐるんです。
>
> 美、エロティシズム、死といふ図式はつまり絶対者の秩序の中にしかエロティシズムは見出されない、といふ思想なんです。ヨーロッパなら、カトリシズムの世界にし

かエロティシズムは存在しないんです。あそこには厳格な戒律があつて、そのオキテを破れば罪になる。罪を犯した者は、いやでも神に直面せざるを得ない。エロティシズムといふのは、さういふ過程をたどつて裏側から神に達することなんです。

ここで三島もまたバタイユと同じく、性を禁止するカトリックの禁欲的性格に、エロティシズムの逆説的な起源を指摘している。禁止が絶対的なものであるからこそ、それは法悦や恍惚、高揚をもたらす、というのだ。これを逆から言うならば、バタイユや三島が語る「神の死」とは、「エロティシズムが成立するための逆説的な起源としての超越者」の不在、ということになる。

とするならば、三島は、磯部が「行動記」で記した高揚感を、バタイユが語るキリスト教のエロティシズムのアナロジーとして理解していたことになってこよう。先ほど確認したとおり、「二・二六事件と私」で三島は、磯部ら青年将校たちの興奮を、「永らく心に夢みてゐた観念的な赤誠盡忠が」「肉体化された瞬間」「道義的エロティシズムの最高の陶酔」

と形容していた。重臣を殺害し君民一体を実現しようとする姿に、三島は禁止と一体化した天皇という神聖に近づこうとする陶酔感の存在を直感していたのである。

もちろん三島は、そのような青年将校の姿を文学作品としても描いている。昭和四一（一九六六）年六月雑誌『文藝』に発表された『英靈の聲』がそれである。この作品は、「帰神の会」と言われる口寄せの会で川崎という名の美少年に憑り坐した二・二六事件の青年将校たち、特攻に出撃し戦死した搭乗員たちの独白という形で語られている。

『英靈の聲』において青年将校たちの独白は、彼らが当初、天皇に対してどのような思いを寄せていたかを語るところからはじまっている。

『陛下に対する片思といふものはないのだ』とわれらは夢の確信を得たのである。

『そのやうなものがあつたとしたら、もし報いられぬ恋がある筈だとしたら、軍人勅諭はいつはりとなり、軍人精神は死に絶えるほかはない。そのやうなものがありえないといふところに、君臣一体のわが国体は成立し、すめろぎは神にましますのだ。恋して、恋して、恋して、恋狂ひに恋し奉ればよいのだ。どのやうな一方的な恋も、その至純、その熱度にいつはりがなければ、必ず天皇陛下はご嘉納あらせられる。陛下はかくもおん憐み深く、かくも寛仁、かくもたをやかにいますからだ。それこそがすめろぎの神にましますます所以だ』

三島由紀夫は林房雄との対談集『対話・日本人論』[13]で「天皇制というのは、少しバタ臭い解釈になるが、あらゆる人間の愛を引き受け、あらゆる人間の愛による不可知論を一身に引き受けるものが天皇だと考えます。普通の人間のあいだの恋でしょう」と語っているが、この独白においても青年将校の霊は、天皇への憧憬を「恋」と表現している。天皇に対する忠誠心が肉体化された時、神聖な存在への憧憬がきわめて深刻な形で体験されることになる。この時点で君臣一体を理想とする軍人精神は、バタイユ的なエロティシズムと、明らかに一体化している。あるいは磯部自身が「獄中日記[14]」で記した「陛下、吾々同志程、国を思ひ陛下の事をおもふ者は日本国中どこをさがしても決しておりません」という言葉との、高い同調性を示している。

そして、さらに『英靈の聲』で青年将校の霊は、二・二六事件に殉じた英霊たちにはふたつの夢があったと語りはじめる。ひとつは叛乱の後、天皇に事件の顚末を報告した際に天皇から、「よし。ご苦労である。その方たちには心配をかけた。今よりのちは、朕親ら政務をとり、国の安泰を計るであらう」「その方たちには位を与え、軍の枢要の地位に就かせよう」と、ねぎらいの言葉をかけられる、という夢である。そうなった場合、青年将校たちは軍の要職への就任は辞退するつもりだったという。もうひとつは、叛乱の報告の後、天皇から「その方たちの志はよくわかつた。その方たちの誠忠をうれしく思ふ。今日よりは朕の親政によつて民草を安からしめ、必ずその方たちの赤心を生かすであらう。心安く死ね。その方たちはただちに死なねばならぬ」と、死を与えられるという夢である。

そうなれば、英霊たちは苦痛もなく、「喜びと至福」の中で死んでいくだろうと確信していた。しかし、いずれも「ただの夢、ただの絵図、ただの幻」であった。天皇は神聖で絶対的な存在、つまり神ではなく、ただの人間だったのだ。それゆえ、青年将校たちの霊は、「すめろぎがもし神であらせられれば、二枚の絵図のいづれかを選ばれることは必定だった。あれほどまでの恋の至情が、神のお耳に届かぬ筈はなかつた」と、無念の思いを語ることになるのである。

三島は「文化防衛論[15]」において、次のように語っている。

文化概念としての天皇制は、国家権力と秩序の側だけにあるのみではなく、無秩序の側へも手をさしのべてゐたのである。もし国家権力や秩序が、国と民族を分離の状態に置いていているときは、「国と民族の非分離」を回復せしめようとする変革の原理として、文化概念たる天皇が作用した。孝明天皇の大御心に応へて起つた桜田門の変の義士たちは、「一筋のみやび」を実行したのであつて、天皇のための蹶起は、文化様式に背反せぬ限り、容認されるべきであつたが、西欧的立憲君主政体に固執した昭和の天皇制は、二・二六事件の「みやび」を理解する力を喪つてゐた。

「西欧的立憲君主政体に固執した昭和の天皇制」という言葉から、青年将校たちに挫折を強いた昭和天皇を頂点とする政治体制、あるいは昭和天皇の意志そのものが、国体観念とは相容れないものであったと、三島が考えていたことがわかる。磯部たちは道義的エロティシズム、すなわち、烈しい思慕の念、肉体化された崇拝の念や憧憬の念を、天皇に対していだいていた。恋愛感情のような憧憬、超越的な存在への接近＝違犯の中で感得される法悦と高揚感、つまりエロティシズムが、三島が描き出す君民一体、国体明徴であった。山﨑國紀は「三島には至上神たる天皇が必要であった」[16]と指摘しているが、なぜ三島が「至上神」を必要としたのかといえば、エロティシズムを獲得するための接近＝違犯の対象を天皇に求めていたからにほかならない。

しかし、叛乱の果てに青年将校たちが向き合うことになった天皇とは現人神ではなく、立憲制を守ろうとする俗人としての天皇であった。あるいは、天皇機関説の中に定位された天皇であった。とするならば、そもそも昭和天皇は禁止と一体化した神聖な存在であったわけではなく、青年将校たちが体験したエロティシズムの高揚そのものが、幻であったことになる。磯部が叛乱の過程で感得した法悦はただの錯覚にすぎなかった。青年将校たちの挫折からは、理念としての天皇（文化的概念としての天皇、あるいは宗教領域にある現人神としての天皇）と昭和天皇という現実的人格との乖離が浮かび上がってくる。彼らは神的存在としての天皇への接近を企図しながらも、その手段としては、現実的人格としての昭和天皇を媒介とする以外にはなかったのである。

文学上の問題として三島が二・二六事件を眺めた時、浮かび上がる主題の本質はおそらくここにある。神聖に対する違犯の中で生成されるはずのエロティシズムはもはやこの地上において求めることはできないこと、つまり神の死、それゆえのエロティシズムの不在という絶対的なニヒリズムに、三島は二・二六事件を通じて出会うことになったのである。

注

1 「三島由紀夫　最後の言葉」『図書新聞』昭和四五（一九七〇）・一二・一二
2 「「道義的革命」の論理―磯部一等主計の遺稿について」『文藝』昭和四二（一九六七）・三
3 「二・二六事件と私」『英靈の聲』（河出書房新社　昭和四一（一九六六）・六）所収
4 注2と同じ（ルビは引用者による）
5 注3と同じ
6 ジョルジュ・バタイユ／渋澤龍彦訳『エロティシズム　ジョルジュ・バタイユ9』二見書房　昭和四八（一九七三）・四
7 注6と同じ
8 注6と同じ
9 注6と同じ
10 注6と同じ（ルビは引用者による）
11 注6と同じ
12 注1と同じ（ルビは引用者による）

13 林房雄　三島由紀夫『対話・日本人論』番町書房　昭和四一（一九六六）・一〇
14 河野司編『二・二六事件　獄中手記・遺書』河出書房新社　昭和四七（一九七二）・三
15 『中央公論』昭和四三（一九六八）・七
16 山﨑國紀『磯部浅一と二・二六事件　わが生涯を焼く』河出書房新社　平成元（一九八九）・二

第七章　疎外されるエクスタティコン
――三島由紀夫と二・二六事件（二）

本章ではさらに昭和四五（一九七〇）年一一月二五日、東京市ヶ谷の陸上自衛隊東部方面総監部で憲法改正のため自衛隊の決起を呼びかけた後に割腹自殺をした、いわゆる三島事件について、二・二六事件との関係から考えていきたい。

「「変革の思想」とは―道理の実現」[1]で、三島は国家のありかたを「統治的国家（行政権の主体）」と「祭祀的国家（国民精神の主体）」に分け、「後者が前者の背後に影のごとく揺曳してゐるのが現代の日本である」と語っている。三島によれば「祭祀的国家」においては、「国家の永遠の時間的連続性を保障し、歴史・伝統・文化などが継承」される。ここで言う「歴史、伝統、文化」とは、「反理性的なもの、情感的情緒的なものの源泉」というほどの意味であり、三島に言わせれば「真のエロティシズムはここにのみ存在する、このエートスとパトスの国家の首長が天皇である」、ということになる。

このような三島の国家観の興味深い点は、バタイユが対立的に語っている非キリスト教のエロティシズムとキリスト教のエロティシズムが、入れ子式に捉え直されている点にある。三島がバタイユの影響を受けているのはまちがいないが、この点を注視するならば、三島はたんにバタイユを後追いをしているのではなく、むしろ、バタイユからインスピレーションを得る形で、みずからの文明観、国家観を構築していった、と考えるべきである。

三島においてもバタイユと同じく、天上の秩序と地上の秩序、超越的価値と世俗的価値の対立を認識論的布置としている点では同じであるが、三島の文明観にあっては、前者が、

「反理性的なもの、情感的情緒的なものの源泉」と定義され、さらにそれを体現する存在として天皇が定位されている。三島は超越的価値と世俗的価値との絶対的対立を認識論的布置として文明批評を展開している点ではバタイユを踏襲しながら、その超越的価値の中身を、禁欲的な戒律ではなく、「パトス」「エートス」「情調」「真のエロティシズム」などなど、要するに非理性領域の総体として捉え直しているわけである。三島は、理性を世俗的価値の側に定位し、その外部にあるような、身体領域や情緒領域を超越的価値の側に定位している。そして、後者の象徴こそが天皇であった。超越的存在に憧れ接近を企図し違犯を試みる瞬間の高揚をエロティシズムと呼ぶならば、憧憬の対象もまたパトス的存在でなければならない。内面のパトス、あるいはエートスとの間に形成される同調や共鳴が、超越的存在への痛切な憧憬を形成することになる、三島はそう考えていた。

その三島は「文化防衛論[2]」でも、次のように語っている。

文化概念としての天皇制は、文化の全体性の二要件を充たし、時間的連続性が祭祀につながると共に、空間的連続性は時には政治的無秩序をさへ容認するにいたることは、あたかも真のエロティシズムが、一方では古来の神権政治に、他方ではアナーキズムに接着するのと照応している。「みやび」は、宮廷の文化的精華であり、それへのあこがれであつたが、非常の時には、「みやび」はテロリズムの形態をさへとつた。すなはち、文化概念としての天皇制は、国家権力と秩序の側だけにあるのみではなく、無秩序の側へも手をさしのべてゐたのである。もし国家権力や秩序が、国と民族を分離の状態に置いてゐるときは、「国と民族の非分離」を回復せしめようとする変革の概念として、文化概念としての天皇制は作用した。

「文化概念としての天皇制」は、絶対性と神聖性が一体化したような超越的価値であるのだから、当然「時間的連続性」が保証されることになる。と同時に、非理性領域、つまり身体性、「パトス」や「エートス」というその内実は、世俗的秩序による疎外を媒体として、つまり世俗秩序構成員全員が抑圧を強いられることによって、逆説的に日本人全体に共有されることになる。「文化概念としての天皇制」の「空間的連続性」とはこの謂いである。

このような宗教的価値と世俗的価値、三島の言う「祭祀的国家（国民精神の主体）」と「統治的国家（行政権の主体）」の関係は両義的である。「祭祀的国家」を理念として奉じることで「統治的国家」は、その権威性が保証されることになるが、同時に、その内実が情緒や衝動・官能を本質としている点で、「祭祀的国家」は世俗的秩序としての「統治的国家」との対立が不可避となる。超越と対立という両義性として、「祭祀的国家（国民精神の主体）」と「統治的国家（行政権の主体）」の関係はある。「文化概念としての天皇制」は時間軸上においては、統治的国家に対する超越性を帯びながら、空間軸上の関係で言えば、世俗的秩序に対立する反秩序として敵対することになるのである。

興味深いのは、このような「文化概念としての天皇制」と個人における実存上の問題との関係について、三島がハイデガーの思想を手がかりに説明している点である。

「前期ハイデッガー哲学では、実存とは、本来脱自的であって、実存は時間性の「脱自（エクスターゼ）」の中にある。エクスターゼも、実存（エクジステンツ）も本来、ギリシャ語のエクスタテイコンから来ているので、遊魂、恍惚、などの意味を含むのですね」

「ハイデガーも妙なことをいって、実存から外に開かれて、世界へひらかれて現実化されるというけれども、実存から外に開かれるということは、結局、一種の恍惚感において開かれている。その恍惚感を与えるものがないということは、いまワイワイいっているあれですね。それでほんとうの実存に到達すれば、そこでそういう恍惚感が起こって、それが外に開かれて、行動になっていくかという問題ですが、あらゆる人にそういうことを求めても無理でしょう[3]」

この三島の言葉の内、「脱自」についての言及は、ハイデガーの『存在と時間[4]』第二編「現存在と時間制」第三章「現存在の本来的な全体存在しうること、気遣いの存在論的な意味としての時間制」を踏まえたものである。この章においてハイデガーは、「到来、既往性、現在は」「時間制を、エクスタティコン、すなわち、脱自そのものとしてあらわにする。時間性は、根源的な「おのれの外へと脱け出ている脱自」それ自体なのである」と語っている。時間性は。管見に入った限りにおいて、『存在と時間』でハイデガーが、「エクスタティコン」に言及しているのはここだけである。

ここでハイデガーは時間とは、「脱自」つまり「悟性的分別」の外部に抜け出すことと同義であると語っており、これを踏まえて三島は、「遊魂」や「恍惚」こそが真実の時間であると、バタイユ的に解釈し直している。そして、「ほんとうの実存に到達すれば、そこでそういう恍惚感が起こって、それが外に開かれて、行動になっていく」はずなのだが、「いまワイワイいっているあれ」つまり、マルキシズムに依拠する学生運動の場合は、その恍惚感を与えるものではないと、さらに三島は語ることになる。

ハイデガーが言うところの実存の本質的な位相を、三島は「脱自」、すなわち「エクスタティコン」、陶酔や恍惚の瞬間として捉え、その瞬間においてのみ、いま―ここにある私は実存そのものと一致すると、語っている。ここには、「エクスタティコン」という概念を媒介として、ハイデガーの実存主義と「文化概念としての天皇制」、あるいはバタイユ的な文明論を連続するものとして理解しようとする三島の意図が、見え隠れしている。

「悟性的分別」の外部に広がる広大無辺な人間存在そのものを解放していくところに、実存上の理想型があると三島が考えていたという事実は、彼が「文化概念としての天皇制」を実存上の問題としても認識していた、あるいは、「文化概念としての天皇制」を「エクスタティコン」を獲得するための媒体として考えていたことの証左となる。とするならば、「いまワイワイいっているあれ」、つまりマルクス主義運動は「悟性的分別」の側に属する思想である点において、恍惚感を与えるものではなかった、ということになってこよう。

しかし、三島は民族主義的な思想がすべて「エクスタティコン」に通じると考えていたわけではなかった。二・二六事件に参加した青年将校たち、とくに磯部に対しては惜しみない共感と讃美の言葉を送りながらも、その磯部が絶対的に信奉していた北一輝に対して三島は批判を繰り返しており、このような一見矛盾しているようにも見える三島の姿勢もまた、以上のような彼の実存主義的な「文化概念としての天皇制」観から理解することができる。

たとえば、三島は北について次のように語っている。

> 北一輝の天皇に対する態度にはみぢんの温さも人情味もなかつたと思はれる。その一点で青年将校との心情の疎隔ができたことが感じられるが、「純正社会主義」の中で現代の天皇制を、東洋の土人部落で行はれる土偶の崇拝と同一視してゐる点は、北一輝が天皇その方にどのやうな心情をもつてゐるかを、そこはかとなく推測させるのである。彼は絶対の価値といふものに対して冷酷であつた。また自分の行なふ純粋な革命行動といふものに対しても、自ら冷たい目を持つてゐたと思はれる。[5]

天皇崇拝は「東洋の土人部落で行はれる土偶の崇拝」と同じであるという北の文章に注

目して、三島はここに青年将校たちとの精神上の乖離があったと指摘している。この北の言葉は『国体論及び純正社会主義』[6]第四編「所謂国体論の復古的革命主義」第九章に登場するものである。ここで北は、現在の「国体論」は「南都の僧兵が神輿を奉じて押し寄せたる如く」「如何なる主義も学説も只回避を事とするの状態」であり、このような「国体論」において天皇は「山僧等の迷信によりて恣に作りし土偶」のようなものになっている、「東洋の土人部落中又之を争奪して各々利する所あらんとするものありとも、社会主義は只真理の下に大踏歩して進めば足る」と、記している。

北の言う「土偶」信仰とは、天皇制を盲目的に崇拝するあまり、思考停止に陥り、その内実を問うこと自体をタブー視するようになった近代日本人の心性を寓意している。その北にとって「純正社会主義」とは、天皇制や国体論を客観的な認識の対象とすることと表裏をなす形で、社会主義の真理を追究していこうとするものであった。「東洋の土人部落」の土偶信仰という言葉からは、近代天皇制を社会の進化に取り残された因習と見なす北の歴史認識が浮かび上がってくる。北の国体論はきわめてラディカルであり、天皇信仰をタブー視せず社会進化論、あるいは純正社会主義の立場から、合理的、学問的な分析の対象にしていこうとする姿勢に貫かれている。

さらに言えば、北によって指摘された「土偶」信仰としての天皇制は、戦後、丸山眞男によってふたたび議論の俎上に載せられることになった。「ファシズムの進行過程における下からの要素の強さはその国における民主主義の強さによって規定される、いいかえるならば、民主主義革命を経ていないところでは、典型的なファシズム運動の下からの成長もまたありえない」[7]と語る丸山にとって、二・二六事件を含む日本の国家主義運動は、ヨーロッパのファシズム運動と比べて前近代的で未成熟なもの、つまり「土偶」信仰であった。ヨーロッパにおいては、民主主義革命を通じて、社会や国家を対象化する自立的個人がすでに成立している。そのような近代的個人によって行われるファシズム革命もまた近代的なもの、合理的で計画的なものとなる。一方日本の場合、いまだ近代的個人を獲得しえていない人々がファシズムの担い手となっていた。丸山によれば、その一例が皇道派の青年将校たちであった。天皇絶対主義を奉じる青年将校たちは「多分に観念的」であり、「暴動を起すまでは計画的であるが、その後の事は考えない」のも、具体的な国家改造の青写真を描き実行すればそれは天皇の大権を犯すことになるからであり、「だからどうしても君側の奸をのぞく─天皇を覆っている暗雲をはらいのければあとは自ら太陽が輝きわたるという神話的なオプティミズム」に傾斜していくことになったと、丸山は説明している。[8]合理的な思考や判断の母胎になるような近代的個人の不在が、日本のファシズムを無計画で観念的なものにしてしまっていった、というわけである。

北にせよ丸山にせよ、日本人の天皇崇拝に、迷信にとらわれた前近代人の蒙昧な姿を見ており、きわめて否定的に語っているわけだが、一方、三島はその非理性的で不合理な姿、天皇や国体に焦がれ、死を願う姿を、純粋で道義的なものとして語っている。その三島が北や丸山に対して批判的であったのは、当然と言えば当然であった。先ほど引用した「北一輝論─「日本改造法案大綱」を中心として」[9]で三島は北について、「天皇に対する態度にはみぢんの温さも人情味もなかった」「絶対の価値といふものに対して冷酷であった」と批判していたわけだが、三島にとって、あるいは三島が信じた青年将校たちにとって、天皇は学問的な考究の対象ではなく現人神であった。あるいは、客観的存在物ではなく、憧憬や違犯への誘惑を喚起する宗教的存在、非理性的な情念や熱情を本質とする超越的価値であった。天皇を社会ダーウィニズムの視点から眺める北の思想に三島が、パトスを度外視する冷酷さを感じざるをえなかったのはそれゆえである。丸山のファシズム論に対しても同様であり、三島は丸山を「天皇制国家へのルサンチマン」「天皇制支配機構の変質過程そのものをも跳び越えた論理の飛躍」と繰り返し批判している[10]。北や丸山の天皇制批判に対する違和感の中に、超越的価値としての天皇を憧憬と違犯の対象として眺める三島がいることはまちがいない。

　ところで三島は、丸山を批判するくだりで言及した「天皇制支配機構の変質過程」について、次のように具体的に説明している。

私見によれば、言論の自由の見地からも、天皇統治の「無私」の本来的性格からも、もつもと怖るべき理論的変質がはじまつたのは、大正十四年の「治安維持法」以来だと考へるからである。すなはち、その第一条の、「国体ヲ変革シ又ハ私有財産制度ヲ否認スルコトヲ目的トシテ……」といふ並列的な規定は、正にこの瞬間、天皇の国家の国体を、私有財産制度ならびに資本主義そのものと同義にしてしまつたからである。[11]

三島にとって天皇制の変質とは、世俗の論理の中に国体が組み込まれていくことを意味していた。天皇制と資本主義、私有財産制を一体のものとして見なしてしまえば、天皇はもはや神聖な存在ではなくなる。世俗を超越した世界を開示しうるからこそ、天皇制は憧憬と違犯の対象、すなわち「真のエロティシズム」の逆説的な起源でありうるのであり、その超越性が解体され、世俗の論理の中に回収されていけば、人間存在の非理性領域、あるいは存在そのものの全体性が解放される機会が永遠に奪われることになる。

ここに三島がいだく文明論上、あるいは実存上の深刻な危機意識があったことはまちがいない。政治レベルにおける天皇制の世俗化が天皇機関説や「西洋的立憲君主政体」であったとするならば、経済レベルにおける世俗化が、私有財産制や資本主義と国体との一体化であったのである。

注

1　三島由紀夫「「変革の思想」とは―道理の実現」『読売新聞』昭和四五（一九七〇）・一・二〇～二二

2　『中央公論』昭和四三（一九六八）・七

3　林房雄　三島由紀夫『対話・日本人論』番町書房　昭和四一（一九六六）・一〇

4　ハイデガー／原佑他訳『ハイデガー　世界の名著74』（中央公論社　昭和五五（一九八〇）・二）所収

5　三島由紀夫「北一輝論―「日本改造法案大綱」を中心として」『三田文学』昭和四四（一九六九）・七

6　自費出版　明治三九（一九〇六）・五、『北一輝著作集　第一巻』（みすず書房　昭和三四（一九五九）・三）所収
7　丸山眞男『現代政治の思想と行動』　未来社　昭和三九（一九六四）・五
8　注7と同じ
9　注5と同じ
10　注2と同じ
11　注2と同じ

第八章　幽顕一貫のゆくえ
――三島由紀夫と二・二六事件（三）

このような問題意識に導かれる形で三島の関心は、エロティシズムの疎外状況の歴史的起源に向かうことになる。具体的には、エロティシズムを疎外する現実的秩序がどのように形成されていったか、それに対する抵抗の位相はどのようなものであったかという問題に、三島の関心は向かっていくことになる。

『対話・日本人論』[1]で三島は、明治国家は伊藤博文の「昔の勤皇は宗教的観念を以てしたが、今日の勤皇は政治的でなければならぬ」という思想の実現としてある、と語っている。一般的には、西洋の欽定憲法を日本に導入した結果、天皇は神聖不可侵の存在として位置づけられるようになったと理解されているが、三島に言わせれば、そのような理解はまちがっている。もともと天皇は、平田篤胤の国学、あるいは尊王攘夷運動に参加した志士や神風連の士族たちの間で、超越的存在として位置づけられていた、しかし明治以降、世俗的秩序の側に再定位され相対化されていった、というのである。これを言い換えれば、明治憲法に謳われる天皇不可侵説は、西洋に起源を持つ欽定憲法にあるのではなく、平田派の国学にあった、ということになる。三島の「九十九パーセントの西欧化に対する、一パーセントの非西欧化のトリデが、「神聖」の名において宣言されていた」[2]という言葉は、その謂いである。三島によれば、以後、天皇は、一方で西洋化の象徴的役割を果たしながら、もう一方で古来の土俗的宗教観念の「最後の拠点」としての役割も担うという非常に難しい立場に立たされることになった。後者の国体観を信奉していたのが神風連の士族たちであり、二・二六事件に参加した青年将校たちであったわけだが、いずれも西洋文明を前に挫折していくことになった、これが三島が語る「文化概念としての天皇制」にまつわる文明観、あるいは歴史認識である。

以上を踏まえてあらためて三島の議論全体を見渡してみて疑問に思うことは、三島が、本当に日本の「文化」を「防衛」しようと考えていたのか、ということである。たとえば、『対話・日本人論』と同様に、「「道義的革命」の論理―磯部一等主計の遺稿について」[3]でも三島は、「国体思想イコール変革の思想だ」と断った上で、「それによって、平田流神学から神風連を経て二・二六にいたる精神史的潮流が把握される」と語っている。文脈上、国体論にテーマが限定されているとはいえ、三島が日本の精神史を語るに際して、神風連の乱や二・二六事件にスポットを当てる姿勢の背後に、彼独自の文明観や歴史認識が存在していることは否定できない。平田国学や神風連の乱が日本文化全体を象徴しているという認識は、一般的な理解からすればかなり偏っている。三島が守ろうとしているのは、全体性としての日本文化ではなく、その中に包摂されている何かなのだ。そして、その「何か」を問うことが、三島と二・二六事件の関係性、ひいては自刃の原因を特定することになる、と考えるべきなのである。

そこでまずは神風連の乱が三島にどのような影響を与えたかについて考えていきたい。神風連の乱は明治七（一八七四）年、熊本士族が中心になって新政府に対して起こした叛乱である。三島は『豊穣の海（二） 奔馬』[4]において、この事件を題材としてとりあげている。主人公、飯沼勲は神風連の乱に心酔しており、「神風連史話」という冊子を座右の書としていた。この書は三島が創作した架空の書であり、三島の思いが存分に書き込まれている。たとえば同書には、廃刀令の発布をきっかけに士族たちが叛乱を決意する様子が、次のように記されている。

剣を奪はれては、一党の敬ふ神を護る手段はなくなるのである。一党はあくまで神の親兵を以て自らを任じている。神に仕えるには敬虔きはまる神事を以てし、神を護るには雄々しき倭心の日本刀を以てする。ここに於て剣が奪われては、新政府によつて刻々おとしめられてゆく日本の神は、力のない、衆愚の信心のよすがになる他ない。

この文章からも三島が、神風連の乱を西洋化にともなう「神の死」に起因するものとして理解していたことがわかる。日本の神々に対して深い崇敬の念をいだく彼らは、「雄々しき倭心の日本刀」をもってはじめて神を護ることができると信じていた。そのような彼らにとって廃刀令は、「神殺し」を意味していた。とするならば、神風連による反乱は、神の復活、その結果としての、ハイデガーの言う「エクスタティコン」の獲得をめざしていたことになる。

このような神風連の乱の思想的背景について、三島は『対話・日本人論』[5]において、国学の思想的系譜をたどりつつ説明している。三島によれば、本居宣長の国学においては「幽顕思想は、幽界顕界それぞれが所を得て分かれている」がこれは「静態的ロジック」であって、このような宣長の思想においては「行動の原理」にはならない。その思想的継承者である平田篤胤にあってはじめて、「幽顕一貫」となり、「ここではじめて行動哲学になる」、と説明している。さらにこのような「幽顕一貫」の思想が、「神風連の思想的師父」林桜園の『宇気比考』に至り、「すべて神意のまにまに、ということになり、行動哲学の動態性が完成する」、これが三島による神風連の思想史上の位置づけである。

ここで三島が言及している「幽顕一貫」思想については、子安宣邦の論考[6]に詳しい。子安は、本居宣長においては「幽事」とは神のなす業というほどの意味であり、「顕事」とは人間のなす業を指すと整理した上で、本居宣長の「顕事」が拡大発展していくところに平田篤胤の思想的展開を指摘している。篤胤にあっては「顕事」が「現世における人々の倫理的行為」として捉え直されており、子安によれば、このような「顕事」は平田篤胤の思想にあって、「産霊神の神意を実現していく行為」として位置づけられていた。これによって篤胤は「伝統的な儒教の道徳論をみずからの宇宙論の文脈に組み入れること」になったという。三島の言う「幽顕一貫」の行動哲学は、以上のような平田篤胤における「顕事」と対応している。儒教倫理を産霊神の意志と捉え直し、その実現を人間による倫理的実践と位置づけることで、国学は行動の哲学になったと、三島はここで語っているわけである。

そして、さらに三島は平田篤胤の思想が林桜園の『宇気比考』に流れ込むことで行動哲学としての「幽顕一貫」は完成し、その影響下で神風連の乱が起こったと説明している。

林桜園（寛政一〇年（一七九八年）―明治三年一〇月一二日（一八七〇年一一月五日））は、幕末の思想家、国学者、教育者である。桜園は本居宣長の高弟であり、明治維新で活躍した肥後勤皇党、神風連の変を起こした敬神党などに大きな影響を与えたとされる。

三島由紀夫は『豊穣の海（二）奔馬』[7]において、「桜園の国学は、篤胤の幽顕一貫よりもさらに徹底してゐる」と記し、桜園の「神事は本也。現事は末也」「世を治め、人を政つ者、神事を本とし、現事を末とし、本と末を一つにして、世を治め人を政つときは、天の下は治るに足らず」という言葉を紹介している。これは『宇気比考』末尾付近に登場する言葉である。三島が紹介した文章だけでは桜園が何を伝えようとしたか読み取るのが難しいので、改めて引用紹介すると『宇気比考』を結ぶにあたって桜園は「神の道によると、神の道によらざるとの差別なかりし。世の間の理りに、現事と神事と二つ有り。神事は本也。現事は末也」「其本をしらず、其の末をのみ守りて、世を治むる者は、小の功ありといへども、猶神ながらなる道といふべからず」[8]と記している。ここで桜園の言う「現事と神事の二つ」が、平田篤胤の言う「顕事」と「幽事」に対応している。桜園の言葉を篤胤に引きつけて解釈するならば、人間の倫理的行為は神の意志が地上において実現されたものでなければならず、神の意志と人間の行為の間には本質と現象、絶対的価値とその実践という関係がなければならない、したがって、たとえ現象あるいは実践の領域において正しいものであったとしても、行為者が神意について自覚のないままならば、その行為は宇宙において正しい位置を占めているとは言えないことになる。逆から言えば、行為を神意の実践と自覚することで、はじめて「幽顕一貫」が完成し、その行為は絶対的な倫理的価値を内包することになる、ということになる。

このような理念を奉じて蹶起された神風連の乱と二・二六事件が思想的に連続していると三島が考えていたことは、「二・二六事件において、まことに残念なのは、あの事件が、西欧派の政治理念によって裁かれて、神風連の二の舞いになったということです」[9]「二・二六事件の思想的源流は、明治維新にではなく、神風連の乱に求めるほうが論理的である」[10]となどの言葉からまちがいない。

たしかに神風連の敬神思想と青年将校たちの国体明徴論は、「幽顕一貫」思想の実践という三島の視点から見た場合、いくつかの共通点を内包している。まず第一は「日本精神というもののいちばん原質的な、ある意味でいちばんファナティックな純粋実験」[11]である点において、つまり神意という超越的価値を一切の現実的妥協を排して、現実世界において実現しようと企図している点で、いずれも世俗的秩序との対決が不可避であらざるをえない点、現実に対してラディカルな変更を求めざるをえない点である。

思想の徹底性ということ、思想が一つの行動にあらわれた場合には、必ず不純なものが入ってくる。必ず戦術が入ってきて、そこに人間の裏切りが入ってくる。それがイデオロギーというものでしょうが、そうして必ず目的のためには手段を選ばないことになっちゃう。だけれども神風連というものは、目的のために手段を選ばないのではなくて、手段イコール目的、目的イコール手段、みんな神意のまにまにだから、あらゆる政治運動における目的、手段の間の乖離というのはあり得ない。[12]

このように三島は、林桜園の言うごとく、行動を神意の実践と位置づけることで、現実を前にしての妥協や奸計を徹頭徹尾、排除しようとしてる。神意は絶対であって、そうである以上、一〇〇パーセントの完遂のみが求められることになる。現実を前にした妥協が絶対性の毀損を意味する以上、それは許されざるものとしてあるほかない。

三島の二・二六事件に関する理解にあっては、北一輝というファクターが一切排除されているのは先に確認したとおりである。北ばかりではない。三島は青年将校たちが目指した国家社会主義的な方向性も一切捨象してしまっている。かりに経済上の国家改造に蹶起の目的を置くならば、漸進的な実現も現実的な選択肢としてはありえたはずである。二・二六事件の源流を神風連の乱に求める三島は、青年将校たちもまた、漸進も妥協も排して、絶対的な神意、超越的な国体の実現をめざしていた、彼らの行く末は悉皆か絶無かという二筋の道しかなかったと、見ていたわけである。

第二は、神意と世俗を対立させる三島の国体論においては、必然的に神意＝天皇は理性に対する情動、エモーション、狂気、無秩序の側にあり、したがって神風連の乱にせよ、二・二六事件にせよ、ロゴスではなくパトスをその本質としなければならなかった点である。現実が合理的で論理的な秩序や世界認識に貫かれている世界であるとするならば、それと対峙する神意、幽界は、不合理で不定形で情動的なものであるほかない。三島にとっての「ゾルレン」、つまりあるべき国体としての天皇制とは、「民族的心性（ゲミュート）の非論理性非合理性」[13]の別名であり、したがってそれを奉じて蹶起された反乱もまた、非論理的で非合理的なものでなければならなかった。

そして第三は、その必然的帰結として、国体という「ゾルレン」を起点とする革命は必然的に失敗に終わらざるをえない点である。先ほど確認したように、三島は『豊饒の海（二）　奔馬』で廃刀令という近代化、あるいは西欧化に抗い、民族的精神の象徴である日本刀に対してファナティックな執着を示す士族の様子を記していた。しかし、現実的に見るならば、武器としての合理性において、日本刀よりも西欧文明によってもたらされたさまざまな武器、兵器の方が圧倒的に強力なものであることは疑う余地がない。

「（前略）われわれのいうモラルとは、いわば形而上学の道徳で真善美など、超越的な理念に関係する。これは文学者とか哲学者の仕事ですが、そういう人たちは権力闘争としての政治や利潤追求としての経済は認めない。」「王道政治は必ず失敗する。覇道すなわち現実の政治に負けるのです。失敗するけども、この理想は守らなければならない。そういう点で僕は、政治や実業に対して虚無的なんだな。で、われわれは真善美などの事象の価値を守る。それが文学者の仕事じゃないか。」[14]

ここで三島は幽界に封じ込められた情動や狂気、非合理性、非論理性の世界を「王道」と呼んでいるが、同時に、それが現実を前に無力であることをはっきりと自覚している。「王道政治は必ず失敗する」ほかない。同じことは「『道義的革命』の論理―磯部一等主計の遺稿について」[15]でも、「あらゆる制度は、否定形においてはじめて純粋性を得る」「しかしこの革命は、道義的革命の限定を負ふことによつてつねに敗北をくりかへす。二・二六はその典型的表現である」と語っている。世俗の論理、―あるいは近代文明、西洋文明や功利主義、資本主義―を捨象するところに純粋性や道義性を求めていけば、必然的に政治的、あるいは経済的、軍事的なリアリズムは失われていく。つまり、「文化概念としての天皇制」は、絶対的であるがゆえに挫折と失敗を宿命として背負っている。現実を前にして一切の妥協を排する以上、「幽顕一貫」の試みは避けようもなく世俗的秩序を前に敗北せざるをえない。パトスを奉じる反乱は近代文明・西欧文明、あるいは論理や理性、合理主義によって形成された世俗秩序と対峙し変革を迫ると同時にそれらを前にまったくの無力であるほかないのだ。だから神風連の乱も二・二六事件も現実を前にして敗北していくことで完結することになる。これを三島の視点から捉え直すならば、現実を前に敗北することではじめて「実行」は、その純粋性を証することができると言うこともできよう。そのような逆説を内包することにおいてのみ、「実行」は超越的価値との回路を開きうるものとなる、と三島が考えていたことはまちがいない。

このような三島の文明観や歴史認識を敷衍していけば、青年将校たちの思想信条は、ナショナリズムやファシズムと思想的に対立するものとして位置づけられることになる。この点は注意を要する。

たとえば、遠山茂樹は『神国』が外国の「蕃風」によって「汚される」のを阻止しようとする幕末攘夷論は」「近代的国民主義（ナショナリズム）とは無縁な思想であった」と論じている。[16] 遠山によれば、近代のナショナリズムとは、デモクラシー思想を基盤として、国民が国政に参加し国家に対する責任主体となることで成立するものであって、むしろ自由民権運動の系譜に属するものであった。同様のことは橋川文三もまた指摘している。橋川によれば、デモクラシーを思想的基盤としない限り、「どのように民族独立、民族防衛的な発想を含んだ思想でも、政治全体の文脈においては、近代的ナショナリズムのカテゴリイには属しないことになる」[17]。これらの論考と、三島の文明観、歴史認識を比べた場合、幕末の尊王攘夷思想と近代ナショナリズムを別物として扱っている点で、両者はほぼ一致している。つまり三島にとって、二・二六事件は神風連の乱の水脈を汲む点において、ファシズムや近代ナショナリズムとは徹頭徹尾、区別すべき、むしろその対極に位置する出来事であった。

このような三島の認識を踏まえるならば、なぜ彼が繰り返し昭和天皇を批判したのか、なぜ自衛官に対して憲法改正のための決起を呼びかけ、挫折の末、割腹自殺に至ったのか、そのおおよその道筋が見えてくる。

三島は次のように昭和天皇を批判している。

「僕の天皇に対するイメージは、西欧化への最後のトリデとしての悲劇意志であり、純粋日本の敗北の宿命への洞察と、そこから何ものかを汲みとろうとする意志の象徴です。しかるに昭和の天皇制は、内面的にもどんどん西欧化に蝕まれて、ついに二・二六事件をさえ理解しなかったのではないか」「天皇のもっとも重大なお仕事は祭祠であり、非西欧化の最後のトリデとなりつづけることによって、西欧化の腐敗と堕落に対する最大の批評的拠点になり、革新の原理になり給うことです[18]」

また、三島は「三島由紀夫　最後の言葉[19]」でも、「ぼくは、むしろ天皇個人にたいして反感を持ってゐるんです。ぼくは戦後における天皇人間化といふ行為を、全部否定してゐるんです」と語っている。三島がここで批判しているのは、天皇信仰という宗教的伝統ではない。「天皇個人」つまり、「内面的にもどんどん西洋化に蝕まれて、ついに二・二六事件をさえ理解しなかった」昭和天皇を、三島はここで批判している。

このような三島の視点が、幕末の尊王攘夷思想やその系譜をひく神風連の士族たち、二・

二六の青年将校たちに寄りそう形で形成されていることは言うまでもない。つまり、西欧化、近代化という「腐敗と堕落」を徹底的に排除しようとする立場から三島は、議会制やデモクラシー、資本主義と一体化した昭和の天皇制、それを容認する昭和天皇を批判しているのだ。幕末の攘夷思想の水脈を汲む二・二六事件は、近代のナショナリズムや昭和のファシズムとはまったく無関係な出来事であるとする三島の視点からすれば、西欧化した近代天皇制、「内面的にもどんどん西洋化に蝕まれて」いった昭和天皇こそが、近代日本のナショナリズムやファシズムを体現する存在であった。

ここには、「ファシズムに傾倒した青年将校による反乱に対して、リベラリストの昭和天皇が鎮圧を命じた」という一般的な二・二六事件の理解とは、正邪がまったく反転している三島の歴史認識を確認することができる。三島にとってリベラリズムとナショナリズム・ファシズムはすべて、近代文明の一変調（バージョン）にすぎず、対立することはない。このような文明観、歴史認識をもって二・二六事件を眺める三島の眼には、リベラリストである昭和天皇が日本をファシズムへと導く側にあり、近代化、西洋化という「腐敗と堕落」を排除しようとした青年将校たちこそが、反ナショナリズム、反ファシズムの側にあった。別言すれば、三島にとって幕末の攘夷思想への回帰は、反ファシズムへの志向性を内包しており、今日でも繰り返される「昭和期のファシズムに三島が同調していた」というような理解は、三島の主観的意図を真逆に解釈してしまっていることになってくるわけである。

では、以上のような三島の文明観、歴史認識が、どのような形で最終的に三島事件へとつながっていくことになるのだろうか。この問題を考えていくにあたって手がかりとなるのは、三島の次の発言である。

　エロティシズムと名がつく以上は、人間が体をはつて死に至るまで快楽を追求して、絶対者に裏側から到着するやうなものでなくちやいけない。だから、もし神がなかつたら、神を復活させなければならない。神の復活がなかつたら、エロティシズムは成就しないんですからね。僕は、そういふ考え方をしてゐるから、無理にでも絶対者を

復活させて、そしてエロティシズムを完成します[20]

この文章からもわかるように三島は、もし現在が文明論的段階として「神の死」の時代であるとするならば、まずは神の復活からはじめなければいけない、と考えていた。バタイユは「キリスト教の聖性は、極端においては私たちを死のなかに投げ入れる、あの最後の痙攣の体験を極点にまで至らしめる可能性を、少なくとも私たちにあたえてくれます[21]」と語っている。違犯の果てに待つ死がエロティシズムの極点である以上、三島にとって、天皇の超越性を失効し、世俗の論理へと回収していく「神の死」は、人間から「生」だけでなく「死」をも奪い取るものでもあった。

この言葉や神風連の乱、二・二六事件に関する三島の言葉から浮かび上がってくるのは、人間存在の疎外状況に対する実存上、文明論上の深刻な危機意識である。三島は全体性としての日本文化そのものを「防衛」しようとしたのではない。憧憬と違犯の対象となるような超越的存在としての「文化的概念としての天皇制」、近代化あるいは西欧化の中で構築されていった世俗的秩序と対立するようなパトスとしての日本文化、その象徴としての天皇を復権することを通じて（さらにそれを違犯することを通じて）、人間存在の全体性、エロティシズムと「エクスタティコン」を取り戻そうとしている。

昭和四五（一九七〇）年一一月二五日東京の市ヶ谷駐屯地で自衛官に向かって蹶起を呼びかけた後に割腹自殺を遂げることになる、いわゆる三島事件において、死の直前、三島は自衛官たちに向かって蹶起の趣旨を次のように語っている。

日本の軍隊の健軍の本義とは、「天皇を中心とする日本の歴史・文化・伝統を守る」ことにしか存在しないのである。（中略）今こそわれわれは生命尊重以上の価値の所在を諸君の目に見せてやる。それは自由でも民主々義でもない。日本だ。われわれの愛する歴史と伝統の国、日本だ。これを骨抜きにしてしまった憲法に体をぶつけて死ぬ奴はゐないのか。もしゐれば、今からでも共に起ち、共に死なう。[22]

三島にとって、「天皇を中心とする日本の歴史・文化・伝統」を守るために「憲法に体を」ぶつけるとは、何を意味したのか。超越的存在を失った時、人は永遠の疎外状況に身を置かざるをえなくなる、ここに三島の危機意識があった。「憲法」すなわち「西欧的立憲君主政体」に対する三島の激烈な批判は、現代文明がもたらす実存上の疎外状況に対する危機意識と表裏の関係にある。現代の文明論的段階にあって人は、人間存在の全面的解放の機会を失い、さらにその結果として、エロティシズムの極点としての「死」をも失ってしまった。世俗のみを唯一の世界として生きざるをえなくなった現代人が直面する実存上の疎外状況の中にあって、三島はその死を通じて、現行の「憲法」を神殺しの元凶として告発し、人間の救済を訴えようとしたのだ。

しかも三島は、そのような告発とみずからの実存上の救済を同時に実現する形で、この事件を演出している。エロティシズムの極点において死と連続していく瞬間を実現しようとした、と言えるかもしれない。三島事件は、「文化的概念としての天皇制」への憧憬と違犯が、蹶起とその挫折という形で、演出されている。その結果、エロティシズムの高揚がその極点において死へと接続していくことになる。三島事件は、文明論的上の問題としては日本文化、あるいはエロティシズムを疎外する近代文明の害悪を告発しつつ、三島自身の実存上の問題として言えば、禁止への接近と挫折を通じて、みずからのエロティシズムを最高潮にまで押し上げ死への回路を開こうとする試みとしてあった。だからこそ、三島はかならず失敗しなければならなかった。実現不可能な蹶起によって情念の純度を臨界点にまで高め、完膚なきまでに挫折していくことによってのみ、エロティシズムはその極点において死へと連続していく、そう三島は考えていたはずである。

近代日本の文明論的課題を可視化し是正を迫る行為そのものが、文明による実存上の疎外状況から自分自身を救済しようとする試みでもあったという、ふたつの意図の融合、一体化として、三島事件は成立している。そして文明論上の告発と自身の救済の同時的実現をめざした三島事件のシナリオは、神風連の乱や二・二六事件との対話の中で、三島自身がその再現を企図した結果として案出されたものであったことは、まちがいないのである。

注

1　林房雄　三島由紀夫『対話・日本人論』番町書房　昭和四一（一九六六）・一〇
2　注1と同じ
3　三島由紀夫「「道義的改革」の論理―磯部一等主計の遺稿について」『文藝』昭和四二（一九六七）・三
4　『新潮』昭和四二（一九六七）・二〜昭和四三（一九六八）・八
5　注1と同じ
6　子安宣邦「平田篤胤の世界」『平田篤胤　日本の名著24』（中央公論　昭和四七（一九七二）・八）所収
7　注4と同じ
8　林桜園『宇気比考』（『桜園先生遺稿』河島書店　昭和一八（一九四三）・六）所収

9　注1と同じ

10　注3と同じ

11　注1と同じ

12　注1と同じ

13　三島由紀夫「討論を終へて」『討論　三島由紀夫VS東大全共闘』（新潮社　昭和四四（一九六九）・六）所収

14　注1と同じ

15　注3と同じ

16　遠山茂樹『明治維新』岩波現代文庫　平成一二（二〇〇〇）・一一

17　橋川文三「日本ナショナリズムの源流」中島岳志『橋川文三セレクション』（岩波現代文庫　平成二三（二〇一一））所収

18　注1と同じ

19　「三島由紀夫　最後の言葉」『図書新聞』昭和四五（一九七〇）・一二・一二

20　注19と同じ

21　ジョルジュ・バタイユ／渋澤龍彦訳『エロティシズム　ジョルジュ・バタイユ著作集9』

二見書房　昭和四八（一九七三）・四

22　三島由紀夫「檄」『三島由紀夫全集34』（新潮社　昭和五一（一九七六）・二）所収

あとがき

私が住む滋賀県東部の町から自動車で三〇分ほど走ったところに土山町（つちやまちょう）という小さな町がある。鈴鹿山脈の西山麓に広がる町で、峠を越えると三重県に至る東海道沿いの宿場町である。

この町の旧街道沿いに常明（じょうみょう）寺というお寺がある。あまり知られていない話だが、この寺には昭和二八（一九四八）年まで森鷗外の祖父、祖母、母が埋葬されていた。鷗外の祖父、森白仙が万延元（一八六〇）年、参勤交代の帰りこの場所で病を得て客死し、葬られることになった。結果、鷗外の祖母に当たるキヨ（墓誌には「於清」と記されている）は明治三九（一九〇六）年に、母ミネ（墓誌には「ミ子」と記されている）は大正五（一九一六）年に、遺言によりこの場所に葬られることになった。昭和二八（一九五三）年に墓は故郷である津和野に移されることになるのだが、昭和六三（一九八八）年に供養塔と墓誌が建立されている。

鷗外が常明寺をはじめて訪れたのは明治三三（一九〇〇）年三月二日である。その日の日記には「表には題して森白仙源綱浄墓と曰ふ。右に文久元年辛酉歳十一月七日卒、左に石州津和野医官嗣子森静泰立石と彫りたり。碑の四辺荒蕪最も甚しく、処々に人骨の暴露せるを見る」「寺に還りてこれを境内に移さんことを議す」と記されている。俗に言う「埋め墓」に残る祖父の墓碑を見つけた鷗外が、その墓を境内に移す相談を寺の住職としたことが、この日の日記には伝えられている。

家から近いこともあって、土山方面に出かける時は、たびたび供養塔を訪れていた私は、鷗外とはまったく関係のない本を読んでいて、ふたたび常明寺の名前を目にすることになった。二・二六事件に参加し刑死した青年将校のひとり、竹島継夫が葬られていることを知ったのである。そこで早速私は常明寺に行って墓を探してみたのだが見つからず、しかたがないので住職に墓の場所を聞くことにした。住職はこころよく案内してくれたのだが、案内された墓には「朴心院栄琳道継居士　恂徳院忍峰妙俊大姉」と彫られていた。竹島の戒名は「竹鳳院禅継道居士」である。おそらくごくごく近い親族の墓に、俗名も戒名も刻まれることなく竹島は葬られたのだろう。「世間をはばかってこういう形になったのかな」とも思ったが、正確なところは今も不明のままである。

竹島継夫は明治四五（一九一二）年生まれ、昭和三年七月に陸軍士官学校を首席で卒業している。昭和六（一九三一）年、所属していた若松歩兵第二九連隊が満州派遣中に満州事変を迎え、戦闘に参加。昭和八（一九三三）年に帰還し、昭和九（一九三四）年八月に愛知県の豊橋教導学校に転属、そして二・二六事件に参加することになった。

二・二六事件における竹島の足取りについては、池田俊彦編『二・二六事件裁判記録　蹶起将校公判廷』（原書房　平成一〇（一九九八）・二）に詳しい。同書には竹島の公判調書が収録されており、昭和一一（一九三六）年二月二一日、同じ豊橋教導学校に勤務していた対馬勝雄から、二月下旬には東京で蹶起があるから、それにあわせて豊橋教導学校の同志は、西園寺公望邸を襲撃すると告げられたことが、記されている。これが竹島が二・二六事件に参加する直接のきっかけとなった。二三日には豊橋にやってきた栗原安秀より、小銃実弾約二〇〇〇発が手渡されている。しかし、同じ豊橋教導学校に勤務していた板垣徹が下士官や兵の使用に反対。結局、西園寺邸襲撃を断念し、対馬とともに急遽上京することになった。東京の蹶起部隊に合流した竹島は、丹生誠忠が率いる第一連隊第十一中隊に同行して、陸軍大臣官邸に向かうことになる。竹島の役割は官邸表門の警備であり、中で交渉の任にあたったのは香田清貞、村中孝次、磯部浅一であった。二八日には奉勅命令の真偽をめぐって竹島は香田、村中、対馬とともに第一師団司令部を訪れているが、司令部との会見はほかの者に任せて、ひとり部隊に戻っている。そして、二九日には、状況悪化にともない戦闘にそなえて国会議事堂に野中四郎の部隊とともに移動。しかし最終的には、野中とともに、下士官兵が逆賊になることを避けるため帰隊させている。その後、青年将校たちが集まっていた山王ホテルに、さらに陸軍大臣官邸に竹島は移動している。そして、陸相邸で自決を覚悟することになるのだが、対馬に「御上の御裁きを受けずに如かずと説得され」思いとどまり、投降するにいたった。以上が、調書に記された二・二六事件における竹島の大まかな足取りである。

二・二六事件に参加した青年将校の中でも、磯部浅一や栗原安秀、安藤輝三などは今日でもよく知られている。しかし、自ら部隊を率いて叛乱に参加したわけでもなく、軍の高官との交渉を担当していたわけでもなかった竹島は、今日ではまったく忘れ去られた存在になっている。

ただ、なんとなく縁のようなものを感じてその事績を調べはじめた私はやがて、竹島が磯部や安藤とはまったく異なるタイプの人物ではなかったかと思うようになった。彼が残した獄中手記を読んでいて私は、竹島が「生活者」の視点で事件後の自分の人生を見つめていたことに気がついたのである。

たとえば、竹島は昭和一一（一九三六）年七月五日の手記に次のように記している。

私の母は真底から私を愛して下さつた。私の母ほど子供思ひはなかつた。私は真に幸福だつた。之を書き乍ら母を思ひ、最早此の世でなつかしい母や弟達と愉快に談笑することが出来ぬと思ふと、不覚にも涙が出て止まらない。(中略)「お母さん、継夫は馬鹿者でした。不幸の罪を許して下さい。申訳けありません」祖母や喜久夫、智夫、幸福に一生を暮して下さい。弟達よ。母へ孝養をたのむ。

(河野司編『二・二六事件　獄中手記・遺書』河出書房新社　昭和四七(一九七二)・三)

この文章は、今日でも感覚として理解できる分、二・二六事件に際して中心的役割を果たした青年将校たちの手記とは、かなり異なる印象を私たちに与える。かりにこの手記を磯部が読んだと想像してみよう。磯部のことだからおそらく怒髪天をつく勢いで叱責したにちがいない。かく言う私も青年将校の思想信条を分析するに際しては、竹島はまったく素通りしてしまった。磯部浅一や安藤輝三、栗原安秀、香田清貞の手記や公判記録に、思想課題としての二・二六事件の本質があることは否定しようがない。

しかし、竹島の内面にまで遡及して二・二六事件を理解しようとする時、「二・二六事件とは、狂信的な天皇主義者や国家改造論者、ファシストたちが軍事政権樹立をめざしたクーデター未遂事件だった」という一般的な理解とは、かなりかけ離れた事件の様相が見えてくる。むろん国体明徴論や国家社会主義に首までどっぷり浸かっていた青年将校たちにスポットを当てれば、このような理解も十分に成り立つわけだが、もう一方では母の優しさを思い、孝を尽くすことができなかったみずからの人生を思っては、深い悔悟の念をいだいた竹島もまた、蹶起に参加していたことも紛れもない事実である。

たとえば三島由紀夫ならこのような手記の存在はあってはならないものとしただろう。三島にとっては天皇への恋慕こそ絶対であり、それと比べれば、母への愛など塵芥に等しかったはずだ。しかし、意図せず蹶起に参加することになった大部分の下士官や一般の兵士の心境は、竹島の手記に垣間見える「生活者」の感覚、吉本隆明の言葉で言えば「個人幻想」、あるいは「大衆の原像」に近かったのではないか。ファナティックな国家改造論者や国体明徴論者が二・二六事件を牽引したことは事実であるが、牽引された側には青年将校の中にさえ「生活者」が存在したこともまちがいない。実際の蹶起部隊の構成員はこれら両極の混淆体としてあったことを、この手記はあらためて私たちに教えてくれる。歴史事象を単純化し構造として理解する姿勢は、そこから何らかの思想課題を抽出し考察する上では有効であるが、その姿勢は事実それ自体を認識することとはまったく異なる。竹島の手記を読んでいて私は、こんなあたり前のことに、あらためて気づくことになった。

また、「弱者」の視点が内包する積極的価値についても、竹島の手記は私たちに伝えてくれているような気がする。磯部や安藤はたしかに強い。最後まで国家改造の理念を放棄することがなかった彼らからすれば、竹島は「弱者」である。そして、国家や社会が深刻な矛盾を顕在化させる時、「弱者」とは、社会悪を座視する者、あるいは黙認する者と同義となる。

しかし、その弱さは、社会や国家の将来よりも家族や自分の行く末に関心を寄せる「生活者」の感覚への回路を開く。そして、その感覚はやがて、左右を問わずあらゆる救国済民思想が内包する独善性、ナルシシズム、その結果として、多くの人々を傷つけ不幸にするあやうさを、告発しはじめるのではないか。そう考えてみると、「強者」の視線と「弱者」の視線、これら二つの視線が交錯する場所にのみ、「正しさ」は存在しているような気がしてくる。もちろん実際には交錯することなどないかもしれない。しかし、そのような複眼的な視線をもってはじめて、どちらか一方を無反省に選択することのエゴイズムや独善を透視しうるのではないか。竹島の獄中手記を一文字一文字たどっていく時、そんなふうにも思えてくるのである。

二〇二一年一月

野村幸一郎

野村 幸一郎（のむら こういちろう）
1964年三重県伊勢市生まれ，立命館大学大学院文学研究科博士後期課程修了，博士（文学），京都橘大学教授，日本近代文学専攻，『小林秀雄　美的モデルネの行方』（和泉書院，2006年），『日本近代文学はアジアをどう描いたか』（新典社，2015年），『松井石根　アジア主義論集』（新典社，2017年）など

新典社新書 82
二・二六事件の思想課題
三島事件への道程

2021 年 2 月 26 日　初版発行

著者 ――― 野村幸一郎
発行者 ―― 岡元学実
発行所 ―― 株式会社 新典社
〒101-0051　東京都千代田区神田神保町1-44-11
編集部：03-3233-8052　営業部：03-3233-8051
ＦＡＸ：03-3233-8053　振　替：00170-0-26932
https://shintensha.co.jp/　E-Mail:info@shintensha.co.jp

印刷所 ―― 惠友印刷 株式会社
製本所 ―― 牧製本印刷 株式会社

ISBN 978-4-7879-6182-2 C0295

定価はカバーに表示してあります。
乱丁・落丁本は、お取り替えいたします。小社営業部宛に着払でお送りください。